John P. Kotter
Die Macht im Management

W0188873

John P. Kotter

Die Macht
im Management

 verlag moderne industrie

CIP-Kurztitelaufnahme der Deutschen Bibliothek

Kotter, John P.:
Die Macht im Management/John Kotter.
(Aus dem Amerikanischen übers. von Ursula Bischoff).
Landsberg/Lech: verlag moderne industrie, 1986
ISBN 3-478-54420-3
mi-Paperback

Original English language edition published by AMACOM, a division
of American Management, Associations, New York
© 1979 by AMACOM, a division of American Management Associations, New York
All rights reserved.
Titel des Originals: Power in Management
Aus dem Amerikanischen von Ursula Bischoff

© 1986 verlag moderne industrie AG & Co., Buchverlag,
8910 Landsberg/Lech
Schutzumschlag: Hendrik van Gemert
Satz: mi verlags-service gmbh, Landsberg/Lech
Druck und Bindearbeiten: Kösel, Kempten
Printed in Germany 540 420/386 401
ISBN 3-478-54420-3

Inhaltsverzeichnis

Drei wichtige Begriffsbestimmungen

Dem Wort »Macht« werden in unserer Umgangssprache viele Bedeutungen zugeordnet. Es wäre einfacher, wenn eine dieser Definitionen richtig und die übrigen falsch wären. Das ist leider nicht der Fall. Je umfangreicher das Wörterbuch, desto länger ist auch die Liste der gebräuchlichen Bedeutungen. Um die Verwirrung nicht noch zu vergrößern, möchte ich klären, wie ich den Begriff verstehe:

– *Macht* ist das Ausmaß der Fähigkeit, andere Menschen zu veranlassen, das zu tun, was man will, und gleichzeitig zu vermeiden, von anderen gezwungen zu werden, das zu tun, was sie wollen.

– *Machtorientiertes Verhalten* bezieht sich auf individuelle Handlungsmuster, die primär auf den Erwerb oder Gebrauch von Macht ausgerichtet sind.

– *Machtdynamik* verweist auf die Formen zwischenmenschlicher Beziehungen, die machtorientiertes Verhalten beinhalten.

>>Macht< ist ein häßliches Wort, bei dem man unwillkür-lich an Beherrschen und Unterwerfen, Anordnen und Fügen, an die Entschlossenheit eines Menschen, seinen Willen auf Kosten der Selbstachtung anderer durchzuset-zen ... Und dennoch ist Macht die Fähigkeit, andere zu steuern und zu beeinflussen, die Basis für die Orientierung der verschiedensten Organisationsformen und die Ver-wirklichung sozialer Ziele. Führen heißt Macht ausüben.<<[1]*
Abraham Zaleznik und Manfred R. F. Kets de Vries

1. Macht: Der vernachlässigte Führungsaspekt

Führungskräfte erwerben und gebrauchen regelmäßig Macht, und zwar sowohl absichtlich und bewußt als auch intuitiv und unbewußt. Sie bedienen sich dabei verschie-dener mehr oder weniger bekannter Methoden. Macht-orientiertes Verhalten kann sich auf den beruflichen Auf-stieg, die Leistungsfähigkeit, die unternehmerische Effek-tivität und das Privatleben auswirken. Der Einfluß kann klein oder groß sein und als positiv oder negativ empfun-den werden.

---

[1] Power and the Corporate Mind (Boston: Houghton Mifflin, 1975), S. 3

Angesichts dieser bedeutungsvollen Fakten ist es erstaunlich, wie wenig über Macht und Management geschrieben wurde. Ich habe zehn zufällig ausgewählte bekannte Lehrbücher, die sich mit Management und Sozialpsychologie im Unternehmen befassen, geprüft und dabei festgestellt, daß weniger als 3 % des Lehrmaterials Themenkombinationen wie Macht, Beeinflussung, Autorität und Unternehmenspolitik enthielten. In manchen wird das Wort »Macht« überhaupt nicht erwähnt. In den rund zweitausend Artikeln, die zwischen 1955 und 1975 in der Harvard Business Review abgedruckt worden sind, tauchte nur bei fünf, das heißt, bei einem Viertelprozent, der Begriff »Macht« in der Überschrift auf. Und das wohl beachtlichste Fachbuch, das in den letzten Jahren erschienen ist, nämlich Peter Druckers *Management*, mit circa achthundert Seiten und einem zwanzigseitigen Index, der tausend Begriffe und Namen enthält, schenkt dem Faktor Macht ebenfalls keine Bedeutung: Dieses Stichwort ist dort nicht aufgeführt.

Das gleiche Vakuum existiert schon seit langem in der Führungskräfte-Ausbildung. In den Kursen der Universitäten und Unternehmen werden unzählige Themen erfaßt, aber ich erinnere mich, nur ein einziges Mal von einem Seminar über Macht und Beeinflussung gehört zu haben.

Diese seltsame Inkonsistenz zwischen der Bedeutung der Macht für das Management und dem Fehlen einer ernsthaften Diskussion über dieses wichtige Thema hat mich dazu veranlaßt, dieses Buch zu schreiben. Ich möchte dazu beitragen, daß Manager und Führungsnachwuchs den Erwerb und Gebrauch der Macht in ihrem Arbeitsbereich besser verstehen lernen, und ich will versuchen, Antworten auf folgende Fragen zu finden:

- Wie erwerben erfolgreiche Manager Macht?
- Wie gebrauchen sie ihre Macht?
- Zu welchen Zwecken setzen sie ihre Macht ein?
- Wie wichtig sind die Fähigkeiten, Macht zu erwerben und auszuüben, für ein erfolgreiches Management?
- Welche Bedeutung hat machtorientiertes Verhalten auf die unternehmerische Effektivität?
- Was führt bei Managern zum Machtmißbrauch?
- Wie wirkt sich das Wissen um die Machtdynamik auf die Leistungsfähigkeit des Managers aus?

Natürlich kann bei dem, was wir heute über Macht und Management wissen, diese Frage niemand völlig befriedigend oder präzise beantworten. Aber ich kann und werde grundlegende Informationen geben, die nicht jedem Manager bewußt sein, sind bei der Bewältigung seiner Führungsaufgaben jedoch von großem Nutzen sein können.

Ambivalente Einstellungen

Es gibt wahrscheinlich viele Gründe dafür, warum das Thema Machtdynamik im Management so wenig Beachtung gefunden hat. Eine der Hauptursachen ist wohl

darin zu suchen, daß die meisten Menschen, Führungskräfte nicht ausgenommen, ein gemischtes Gefühl gegenüber dem Begriff »Macht« haben. Einerseits ist ihnen
bewußt, daß Macht auch eine nützliche Funktion haben
kann. Sie spüren, nach Meinung des Psychologen Rollo
May und vieler anderer Experten, instinktiv, daß psy-
chisch starke Menschen über ein bestimmtes Maß an
Macht verfügen, die ihnen bis zu einem gewissen Grad
erlaubt, ihr Leben selber zu bestimmen.[2] Machtlos zu
sein heißt anfällig sein für Verfolgung und Verzweiflung.
Die meisten Menschen sehen ein, daß führende Persön-
lichkeiten aus Wirtschaft und Politik Macht brauchen,
um ihre Aufgaben bewältigen zu können, und sie empfinden die Machtfunktion in diesem Fall offenbar als
notwendig und positiv. Es gibt im Extremfall natürlich
auch Menschen, die von der Macht fasziniert sind. Sie
glauben, Macht sei das Schlüsselelement, um die komplexen Rätsel, die das Leben uns aufgibt, zu ergründen, und
sie werden magnetisch davon angezogen.

Viele Menschen haben jedoch eine negative Einstellung
zur Macht. David McClelland, ein bekannter Harvard-
Psychologe, hat beobachtet, daß in unserer Gesellschaft
so mancher stolz auf sein ausgeprägtes Leistungsbedürf-
nis ist, aber die Behauptung, er habe ein großes Machtbedürfnis, entrüstet von sich weist.[3] Sie assoziieren das

[2] (Power and Innocence, New York: Norton, 1972)
[3] (Power: The Inner Experience, New York, John Wiley and Sons,
1975, S. 225)

Wort »Macht« oft mit Begriffen wie »Ausbeutung« oder »Korruption«. Sie neigen dazu, Menschen, die ihr Machtstreben offen zeigen, zu mißtrauen. Bei manchen ist diese negative Einstellung zur Macht außerordentlich stark ausgeprägt. In dem Bestseller *The Greening of America* von Charles Reich spiegelt sich die Meinung vieler Zeitgenossen in der Behauptung des Autors wider: »Nicht der Mißbrauch der Macht ist das eigentliche Übel, sondern ihre Existenz.«[4]

Es ist nicht schwer, zumindest einige Ursachen für diese negative Beurteilung zu entdecken. Die USA wurden aus einer Situation der Auflehnung gegen die Macht heraus geboren. Seither scheinen unsere »Staatsdiener« entschlossen gewesen zu sein, von Zeit zu Zeit zu demonstrieren, daß mit der Macht auch Mißbrauch getrieben werden kann.

Auf einer mehr persönlichen Ebene läßt sich sagen, daß wohl die meisten von uns schon irgendwann einmal die Macht, die Eltern, Vorgesetzte oder besonders nahestehende Personen über uns hatten, schmerzhaft zu spüren bekommen haben. Diese bittere Erfahrung hinterläßt tiefe »Narben« und erzeugt Angst und Zorn. Die meisten Menschen haben durch ihre negativen wie positiven Erfahrungen eine äußerst ambivalente Einstellung zur Macht: Sie fühlen sich von ihr angezogen und gleichzeitig abgestoßen.

Daß auch Führungskräfte zwiespältige Gefühle gegen-

---

[4] (The Greening of America, New York: Random House, 1970)

über dem Faktor Macht hegen, läßt sich aus einer kürzlich von Lyman Porter, Dean der School of Management an der University of California in Irvine, durchgeführten Studie erkennen. Einer seiner Studenten hatte einer Gruppe von Managern einen informellen Fragenkatalog vorgelegt, um die »Unternehmenspolitik« zu beschreiben. Die Antworten umfaßten positive Bewertungen wie »wichtig«, »anspruchsvoll«, »ehrlich« und »erfolgreich«, als auch negative wie zum Beispiel »unvereinbar«, »bedrohlich«, »unfair« und »unbeliebt«.[5]

Ich habe die Symptome dieser Ambivalenz während meiner Zusammenarbeit mit Führungskräften oft beobachten können. In Seminaren sprechen Manager zum Beispiel nur selten darüber, wie sie Macht erwerben und gebrauchen – sie versuchen eher noch, eine öffentliche Diskussion darüber zu verhindern. Einmal, als ein Kursteilnehmer diesen Punkt anschnitt, reagierten die Topmanager mittleren Alters, als ob er vorgehabt hätte, über sein Sexualleben zu referieren. Die meisten waren peinlich berührt und versuchten, das Thema so schnell wie möglich zu wechseln und den »Delinquenten« milde zurechtzuweisen. Dieselben Manager waren später jedoch bereit, einige Aspekte der Macht in einer Diskussion über Mitarbeiterführung und Motivation einzubeziehen (beides »positive« Begriffe, die nur selten einen

---

5   (»Organizations as Political Animals«, Ansprache des Vorsitzenden der Abteilung Industrial-Organizational Psychology, anläßlich des 84. Jahreskongresses der American Psychological Association am 4.9.76)

Zwiespalt der Gefühle auslösen). Darüber hinaus gaben sie mir gegenüber zu, daß die Machtdynamik eng mit ihrer Arbeit verbunden sei. Einige erklärten sich sogar, wenn auch zunächst zögernd, damit einverstanden, über die dabei relevanten Mechanismen zu sprechen.

Das Gefühl der Unbehaglichkeit, das der Begriff »Macht« bei vielen weckt, läßt sich noch deutlicher, zumindest aus der Retrospektive, auf dem Sektor der theoretischen Führungskräfteausbildung ausmachen. Seit Jahren haben die meisten, die sich professionell mit der Lehre von den zwischenmenschlichen Aspekten im Management befassen – wie zum Beispiel die Human-Relations-Experten –, entweder strikt die Relevanz oder Existenz der Macht geleugnet oder den Eindruck vermittelt, nur »schlechte« Manager strebten nach Machterwerb und Machtgebrauch. Dadurch haben sie das ambivalente Gefühl noch in einer oder zwei weiteren Manager-Generationen verstärkt.

Die widersprüchlichen Gefühle gegenüber der Macht und der Mangel an brauchbaren Informationen über Macht und Management wecken sowohl naive als auch zynische Vorstellungen von einem effizienten und erfolgreichen Manager. Solche Überzeugungen können zu ernsthaften Problemen in der Karriere und im Unternehmen führen.

Zum Beispiel haben junge und vielversprechende Führungskräfte oft Schwierigkeiten, sich auf die zwischenmenschlichen Aspekte ihrer neuen Rolle einzustellen. Sie können mit Bravour einen Wust von Daten analysieren, komplexe sachliche Zusammenhänge durchdenken und alternative Problemlösungen aufzeigen. Aber wenn es darum geht, die beste Entscheidung zu treffen und zu realisieren, sind sie bestenfalls mittelmäßig. Sie unterschätzen oft die Probleme, die sich in der Implementierungsphase (wozu auch immer die Beeinflussung anderer gehört) ergeben. Bei der Umsetzung ihrer Strategie in die Praxis beweisen sie nur wenig Talent im Hinblick auf die Anleitung und Koordinierung von Mitarbeitern und die Informationen ihrer Vorgesetzten (was ebenfalls mit der Einflußnahme auf andere zu tun hat). Diese Probleme lassen sich meistens auf mangelndes Verständnis der Faktoren Macht und Management und auf die unterentwickelten Fähigkeiten, Macht zu erwerben und andere zu beeinflussen, zurückführen.

Natürlich erhalten manche Führungskräfte in dieser Hinsicht gute Ratschläge von einem Vorgesetzten oder Mentor. Oder sie entwickeln durch Versuch und Irrtum die Fähigkeit, ihr persönliches Potential des Machterwerbs und -gebrauchs auszuschöpfen. Aber viele geraten an schlechte Ratgeber, die nichts von der Dynamik der Macht verstehen. Oder sie ziehen falsche Schlußfolgerungen aus ihren eigenen Erfahrungen. In beiden Fällen können die Leistungsfähigkeit und der berufliche Aufstieg darunter leiden.

Sogar Leuten, die schon zu Beginn ihrer Laufbahn Erfolg haben, gelingt es nicht immer, in eine verantwortlichere Führungsposition hineinzuwachsen, weil sie sich nicht machtorientiert verhalten wollen oder können. Ich

habe viele außerordentlich fähige Manager kennengelernt, die die Chance einer Beförderung, die einen Wen-
depunkt in ihrem Leben dargestellt hätte, und das Wohlwollen ihrer Vorgesetzten verspielten, weil ihre Vorstellungen von Macht unrealistisch waren. Später werde ich
mich noch ausführlicher damit beschäftigen. Einige
Nachwuchsführungskräfte sind in der Lage, aus diesen
Niederlagen zu lernen – und daraus neue Kraft zu schöp-
fen. Vielen gelingt das nicht. Sie versuchen, es ihren
Vorgesetzten dadurch »heimzuzahlen«, daß sie ihre naive
durch eine zynische Haltung ersetzen, was zu weiteren
Mißerfolgen beiträgt, und sie geben ihre Einstellung, oft
ohne es zu wollen, an jüngere Kräfte weiter, »infizieren«
sie sozusagen.

Nach meiner Einschätzung wären die meisten Manager, die ich kennengelernt habe, leistungsfähiger und
erfolgreicher, wenn sie die Machtdynamik besser verstehen würden. Für eine große Anzahl, vielleicht ein Viertel
der Betroffenen, könnte die Steigerung ihrer Leistungen
und Erfolge von entscheidender Bedeutung sein.

Natürlich behaupte ich nicht, daß ein gesundes Verhältnis zur Macht das Einzige ist, was den Erfolg im
Management ausmacht, oder daß die Manager ihre Macht
immer für »gute« Zwecke einsetzen. Da ich mich in
diesem Buch primär auf machtorientiertes Verhalten
konzentriere, könnte es vielleicht manchmal so klingen,
als ob ich andeuten wolle, Faktoren wie Intelligenz, Reife
und harte Arbeit zählten nicht. Sie sind sogar außerordentlich wichtig – aber ich möchte mich hier nicht weiter

dazu äußern, weil es mir in erster Linie um den Begriff »Macht« geht.

Ich habe mich außerdem dafür entschieden, das Thema Mißbrauch der Macht erst in Kapitel 6 zu erörtern; man könnte vielleicht auf den Gedanken kommen, ich sei der Meinung, die von mir beschriebenen Methoden ließen sich nicht mißbrauchen: Ich weiß, man kann und wird auch Mißbrauch damit treiben. Aber ich wollte diesen Aspekt der Macht nicht gleich zu Beginn ausführlich schildern, weil ich, wie David McClelland, der Ansicht bin, daß »Amerikas Sorge über einen möglichen Machtmißbrauch bisweilen in einer neurotischen Besessenheit gipfelt«.[6]

Ich möchte dieser Manie nicht neue Nahrung geben. Mir liegt vielmehr daran, Manager und Führungsnachwuchs über die Notwendigkeit machtorientierten Verhaltens aufzuklären sowie die positive Funktion und die Vorteile dieses Verhaltens für Unternehmen, Manager und die Gesellschaft schlechthin aufzuzeigen.

6 (»The Two Faces of Power«, Journal of International Affairs, Band 24, Nr. 1, 1970, S. 44)

Eine Position im Topmanagement, die sich mit keinem anderen Berufsbild vergleichen läßt, ist mitunter gefährlich und bietet wenig Schutz. Läuft alles gut, kann sich der Manager sicher fühlen; geht etwas schief, wird er schnell zum Sündenbock gestempelt. Da viele Faktoren, die sich auf seine Leistungen auswirken, außerhalb seines Einflußbereiches liegen, ist er ständig von Unheil bedroht.

Robert N. McMurry[1]

2. Machtdynamik im Management: Ihr Entstehen und ihre Bedeutung

Es gibt verschiedene Meinungen darüber, wie sich erklären läßt, daß die Machtdynamik ein unabänderlicher Bestandteil von Führungsprozessen ist. Welche Funktion und welche Bedeutung hat sie? In Fachbüchern, die sich mit diesem Thema auseinandersetzen, wird oft behauptet, daß Macht deshalb so wichtig und relevant sei, weil mit jeder Führungsposition ein gewisses Maß an »formaler Autorität«, eine Form der Macht, verbunden ist.

---

[1]   (»Power and the Ambitions Executive«, Harvard Business Review, Nov./Dez. 1973. S. 145)

Psychologen, die das Verhalten von Führungskräften genau studiert haben, äußern die Ansicht, Macht sei relevant und wichtig, weil Manager an sich schon zu einer ausgeprägten »Machtmotivation« neigten. Sozialpsychologen und Soziologen vertreten den Standpunkt, Macht sei ein zentraler Führungsaspekt, weil sie in jedem komplexen sozialen System eine wichtige Variante darstelle, und unsere modernen Unternehmensformen sind zweifellos komplexe soziale Systeme.

In gewisser Hinsicht sind alle hier genannten Gründe, warum Macht für den Manager so wichtig ist, richtig. Aber gleichzeitig sind sie auch irreführend, weil keiner das Wesentliche berührt. Niemand deutet direkt auf die eigentliche Ursache für die Bedeutung der Machtdynamik in bezug auf die Effektivität des Managements hin. Nirgendwo ist von der *Abhängigkeit*, die mit der Führungsrolle verbunden ist, die Rede.

Abhängigkeit im Management

Die Untersuchungsergebnisse von Rosemary Stewart, Leonhard Sayles und vielen anderen, lassen eindeutig erkennen, daß eines der charakteristischsten Merkmale der Führungsarbeit – im Verhältnis zu anderen Berufen – die ständige Abhängigkeit vom Verhalten einer Reihe anderer Menschen ist.[2]

Niemand ist völlig unabhängig, aber die Effektivität von Ärzten oder Mathematikern beruht weitgehend auf ihren eigenen Fähigkeiten und Leistungen. Der Manager ist in viel stärkerem Maße seinen Vorgesetzten, Untergebenen, Kollegen in anderen Unternehmensbereichen, deren Mitarbeitern, Lieferanten, Kunden, Konkurrenten, Gewerkschaften, Behörden usw. – die Liste ließe sich noch beliebig erweitern – ausgeliefert.

Obwohl die meisten Menschen akzeptieren, daß »Manager durch andere etwas erreichen«, sehen nur wenige, wie groß die Abhängigkeit in Wirklichkeit ist. Ein erfolgreicher Manager in einem großen Unternehmen hat einmal zu mir gesagt: »Mein Sohn, meine Frau und viele meiner Geschäftsfreunde haben nur sehr vage Vorstellungen davon, wie ich meinen Lebensunterhalt ver-

---

[2] (Siehe Leonhard R. Sayles: Managerial Behaviour: Administration in Complex Organization (New York: McGraw-Hill, 1964); Rosemary Stewart, Managers and their Jobs (London: Macmillan, 1967) und Contrasts in Management (London: McGraw-Hill, 1976) sowie Hugo Uyterhoeven, »General Manager in the Middle«, Harvard Business Review, März-April 1972)

diene.« Und er erklärte mir weiter: »Die meisten Fehleinschätzungen beruhen auf der Annahme, daß ich alle oder die meisten Ressourcen, die ich für meine Arbeit brauche, irgendwie unter Kontrolle habe. Sie glauben, daß ich, wie ein geschickter Schreiner, über das richtige Holz, das geeignete Werkzeug und genügend Zeit verfüge, um gute Arbeit zu leisten. In Wirklichkeit gibt es außer meinen direkten Untergebenen noch hunderte von Menschen, auf die ich nicht direkt einwirken kann, die aber meine Arbeit beeinflussen. Mindestens zwei Dutzend davon sind problematisch. Sie bestimmen in gewisser Hinsicht mein »Holz« und mein »Werkzeug«, ja sogar, ob ich Boote oder Schränke baue.

Wer in diese Kategorie gehört, läßt sich zum Teil auf Anhieb feststellen, zum Beispiel mein Vorgesetzten. Es gibt aber auch eine Reihe von Leuten im Unternehmen, auf die ich ebenso angewiesen bin, beispielsweise nicht nur meine eigene Sekretärin, sondern auch auf die meines Chefs, die in seiner Abwesenheit nämlich für vieles zuständig ist. Wenn sie nicht beurteilen kann, welche Informationen für mich wichtig sind, kann mir das sehr schaden. Deshalb ist meine Position wesentlich ungeschützter, als manche Leute glauben.«

Natürlich gibt es in schlecht strukturierten Unternehmen und bei unangemessenen Führungspraktiken viele überflüssige Abhängigkeiten. Man könnte behaupten, der oben zitierte Manager sei nur deshalb von der Sekretärin seines Chefs abhängig, weil sein Vorgesetzter den Arbeitsbereich schlecht organisiert hat. Aber selbst dort, wo Struktur und Führungspraktiken perfekt sind, ist ein gewisser Grad an Abhängigkeit ein unabdingbarer Aspekt der Führungsrolle – und zwar aufgrund zweier, im Unternehmen relevanter Fakten: der Arbeitsteilung und der Knappheit der Ressourcen. Da die betrieblichen Aktivitäten auf spezifische Unternehmensbereiche, Abteilungen und Tätigkeiten verteilt werden, sind Manager immer direkt oder indirekt auf Informationen, Hilfe oder Kooperationsbereitschaft generell angewiesen. Wegen der Knappheit der Ressourcen spielt auch die Unterstützung, die sie außerhalb des Unternehmens finden, eine entscheidende Rolle. Ohne ein Minimum an Kooperation seitens der Firmen, die ihnen Waren und Dienstleistungen liefern, der Konkurrenz, Gewerkschaften, Behörden und Kunden kann kein Manager seine Ziele erreichen und zur Prosperität seines Unternehmens beitragen.

Verletzlichkeit durch Abhängigkeit

Mit der durch die Abhängigkeit bedingten Unsicherheit zurechtzukommen ist ein schwieriger Aspekt der Führungsarbeit. Obwohl es theoretisch möglich ist, daß sich alle Menschen und Organisationen, von denen der Manager abhängig ist, automatisch den Wünschen und Bedürfnissen des Managers entsprechend verhalten, sieht die Wirklichkeit meistens ganz anders aus.

Die Menschen, von denen der Manager abhängig ist,

verfügen über begrenzte Zeit, Energie und Talente, die sie schwerpunktmäßig für verschiedene Zwecke einsetzen müssen. Manche Menschen zeigen wenig Kooperationsbereitschaft, weil sie anderweitig beschäftigt sind oder glauben, nicht wirklich helfen zu können. Andere haben vielleicht Ziele, Wertvorstellungen und Überzeugungen, die mit denen des Managers konfliktieren, und zeigen deshalb nur wenig Neigung, mit ihm zusammenzuarbeiten. Das gilt besonders für Konkurrenzunternehmen, Gewerkschaften, aber bisweilen auch für einen Vorgesetzten des Managers, der sich durch die Erfolge seines Untergebenen bedroht fühlt, oder auch für einen Kollegen, dessen Ziele mit seinen unvereinbar sind.

In der Realität ist der Manager oft von vielen Menschen (und Dingen) abhängig, auf die er keinen unmittelbaren Einfluß hat und die nicht »kooperativ« sind. Das ist der Grund für eine der häufigsten Frustrationen im Arbeitsalltag von Führungskräften, sogar auf Topmanagement-Ebene.

Nehmen wir zum Beispiel den Fall eines großen Finanzinstitutes, das ich XYZ nennen möchte. Im Mai 1974 wurde, nachdem ein Jahr lang die verschiedensten Gerüchte kursierten, bekanntgegeben, daß der Präsident des Konzerns zum Vorstandsvorsitzenden gewählt worden war, und daß Jim Franklin, der Vizepräsident der Finanzierungsabteilung, seine Stelle im Unternehmen übernehmen sollte. Obwohl jeder in XYZ den bevorstehenden Wechsel geahnt hatte, war vor der Ankündigung keineswegs klar, wer der neue Konzernchef sein würde.

Viele hatten auf Phil Cook, den Vizepräsidenten des Marketingbereiches, getippt.

Kurz nach seiner Wahl versuchte Franklin, einem seiner Meinung nach drohenden Konflikt aus dem Wege zu gehen. Er teilte Cook mit, daß er Verständnis dafür habe, wenn dieser in einem anderen Unternehmen versuchen wolle, eine Spitzenposition zu erhalten. Das sei zwar ein großer Verlust für das Haus, aber er würde ihm gerne dabei helfen, seine Chancen anderswo wahrzunehmen. Cook dankte ihm und lehnte ab, da ihn seine familiären und anderweitigen Verpflichtungen an einem Arbeitsplatzwechsel und einem damit verbundenen Ortswechsel hinderten.

Neun Monate später stellte Franklin fest, das Phil Cook (immer noch Vizepräsident des Marketingbereiches) in kleinen Dingen und auf subtile Weise gegen ihn zu arbeiten schien. Es gab keine spektakulären Beweise, nur die Zusammenarbeit mit Cook war bei weitem nicht so fruchtbar wie mit seinen Kollegen.

Da sich die Situation auch im nächsten und übernächsten Monat nicht besserte, zog Franklin ernsthaft in Betracht, Cook »auszubooten«. Als er jedoch die Konsequenzen eines solchen Schrittes überdachte, wurde ihm bewußt, wie sehr er von Cook abhängig war. Marketing und Verkauf waren in ihrer Branche die Schlüsselfaktoren für den Erfolg eines Unternehmens, und das firmeneigene Verkaufsteam war eines der besten, wenn nicht das beste überhaupt. Cook arbeitete seit 25 Jahren für die Firma. Er hatte eine enge Beziehung zu vielen Außendienstmitarbeitern und war allgemein beliebt. Seine Entlassung hätte einen Massenexodus nach sich ziehen können. Diese Personaleinbuße oder auch nur ein Aufruhr in der Verkaufsabteilung, hätten sich äußerst negativ auf die Leistungsfähigkeit des Unternehmens ausgewirkt. Unter diesen Umständen würde der Vorstand Franklin sicher von seinem Posten ablösen.

Als ich das letzte Mal mit Franklin sprach, war er ein Jahr in seiner Position. Er erzählte mir damals, daß sich das Verhältnis zwischen Cook und ihm nicht gebessert habe und es ständig Reibereien gäbe. »Ich erreiche einfach nicht soviel, wie ich sollte«, meinte er, »und das ist Cooks Schuld.«

Je mehr formale Autorität jemand in einem Unternehmen besitzt, desto zahlreicher werden die Bereiche, in denen er verletzlich ist, und desto komplizierter wird seine Führungsaufgabe. Wie das vorangegangene Beispiel zeigt, ist es keineswegs ungewöhnlich, daß sogar ein Unternehmenspräsident in hohem Maße abhängig ist, eine Tatsache, die sich nicht jeder bewußt macht, der nach dieser Position strebt. Und daß Abhängigkeit gelegentlich zu Entlassung, Rücktritt und anderen, aus der Sicht der betroffenen Manager höchst unliebsamen Situationen führen kann, mag unfair erscheinen. Ein Topmanager bemerkte einmal dazu: »Manchmal habe ich das Gefühl, ich bin eine bequeme Zielscheibe für jeden, der unzufrieden, ehrgeizig oder inkompetent ist.« Eine unlängst an vierhundert Topmanagern durchgeführte Studie zeigt, daß dieses Unbehagen weit verbreitet ist.

Einer von drei Befragten gestand, daß er mehrmals im Jahr damit rechne, plötzlich und überraschend abgelöst zu werden.[3]

Anhängigkeit kompensieren

Die brillante Arbeit von Professor Henry Mintzberg hat klar gezeigt, daß erfolgreiche Manager sich oft völlig anders verhalten, als die traditionelle Management-Literatur postuliert.[4]

Ich bin der Meinung, daß viele dieser »unerklärlichen« Verhaltensweisen verständlich werden, wenn man das Bedürfnis des Managers, seine Abhängigkeit zu reduzieren, in Betracht zieht. Um seinen unterschiedlichen Aufgaben wie zum Beispiel Planung, Organisation, Budgetierung, Mitarbeiterführung, Überwachung und Beurteilung gerecht zu werden, muß er ein gewisses Maß an Kontrolle über die Menschen haben, von denen er abhängig ist. Aber die Führungsrolle gewährleistet diese Kontrolle nicht automatisch.

Andere mit Hilfe der Macht, die an eine bestimmte Position geknüpft ist, steuern zu wollen, ist unmöglich – erstens, weil der Manager immer auch mit Menschen zu tun hat, bei denen sein formale Autorität nicht wirksam

---

3 (Erhebung von John Arnold Execu Trak Systems, Bericht im Boston Globe, 19. August 1977)
4 (Siehe Henry Mintzberg, »The Manager's Job: Folklore and Fakt«, Harvard Business Review, Juli-August 1975, S. 49)

ist, und zweitens, weil niemand im Unternehmen in unserer heutigen Zeit willens wäre, den ständigen Fluß von Anordnungen passiv hinzunehmen oder genauestens zu befolgen, nur weil sie vom »Chef« kommen.

Manche Leute führen an, daß viele Manager erfolgreicher sein könnten, wenn sie kommunikationsfreudiger wären. Aber betrachtet man eingehender die Aufgaben einer Führungskraft, muß man feststellen, daß Kommunikation zwar hilfreich ist, aber auch ihre Grenzen hat. Sie erfordert oft viel Zeit, der Partner muß bereit sein, zuzuhören und auf die Information hin so zu reagieren, wie es sich der Manager vorstellt.

Das heißt nicht, daß die formale Macht, die mit einer bestimmten Stellung oder einer effektiven Kommunikation verbunden sein kann, nicht zu den probaten Mitteln gehört, mit denen Manager ihre Abhängigkeit zu kompensieren versuchen: Ganz im Gegenteil, aber sie sind bedauerlicherweise selbst dann, wenn beides zusammen kommt, nicht ausreichend. Ein Topmanager erklärte dazu: »Die Bereitwilligkeit der Arbeitnehmer, sich dem Willen eines Vorgesetzten aufgrund seiner Stellung zu unterwerfen, hat in den letzten beiden Jahrhunderten stark abgenommen. Das gilt besonders für junge Leute, die Autorität nicht mehr so bedingungslos wie die Generation ihrer Eltern anerkennen. Gleichzeitig ist die Anzahl der Menschen, die Einfluß auf die Arbeit des Managers ausüben, ihm aber nicht direkt unterstellt sind, gestiegen. Zum Beispiel hatten wir vor fünfzehn Jahren noch keine Computer-Abteilung; sie führt viele der anfallenden Arbeiten aus, die meine Mitarbeiter früher für mich erledigt haben.«

Bis zu einem gewissen Grad läßt sich diese Abhängigkeit heute in den Griff bekommen, wenn Sie ein gutes Verhältnis zu Ihren Leuten haben, sie davon überzeugen können, daß das, was Sie von ihnen verlangen, sinnvoll ist. Das ist wichtig, aber nur bis zu einem bestimmten Punkt erfolgversprechend. Wenn ich dem Leiter unserer Computer-Abteilung zum Beispiel vierzehn Gründe nennen würde, warum er uns bestimmte Berichte schneller liefern sollte, hat er mindestens fünfzehn Argumente, die erklären, warum ihm das nicht möglich ist. Deshalb habe ich bei diesem Gespräch nichts gewonnen, nur eine halbe Stunde weniger Zeit für meine eigentliche Arbeit. Um mit einer solchen Situation fertig zu werden, müssen Sie andere Mittel und Wege finden, andere zur Zusammenarbeit zu bewegen.«

Warum Machtdynamik entstehen muß

Welche anderen Mittel und Wege sind gemeint? Es gibt ausreichende Beweise, die auf langjährige Beobachtungen und Gesprächen mit Managern basieren, die die Schlußfolgerung nahelegen, daß erfolgreiche Führungskräfte ihre Abhängigkeit von anderen dadurch ausgleichen, daß sie ein außergewöhnliches Gespür für Abhängigkeiten entwickeln, unnötige Abhängigkeiten ausschalten oder vermeiden und versuchen, sozusagen als Gegengewicht,

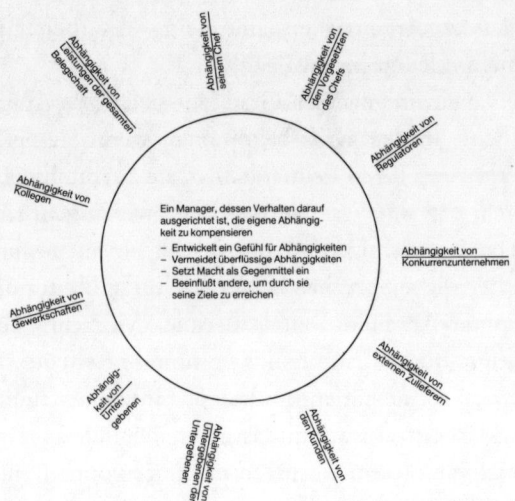

Ein Manager, dessen Verhalten darauf ausgerichtet ist, die eigene Abhängigkeit zu kompensieren

– Entwickelt ein Gefühl für Abhängigkeiten
– Vermeidet überflüssige Abhängigkeiten
– Setzt Macht als Gegenmittel ein
– Beeinflußt andere, um durch sie seine Ziele zu erreichen

Abhängigkeit von Leistung der gesamten Belegschaft

Abhängigkeit von seinem Chef

Abhängigkeit von den Vorgesetzten des Chefs

Abhängigkeit von Regulatoren

Abhängigkeit von Kollegen

Abhängigkeit von Konkurrenzunternehmen

Abhängigkeit von Gewerkschaften

Abhängigkeit von externen Zulieferern

Abhängigkeit von Untergebenen

Abhängigkeit von den Kunden

Abhängigkeit der Leistungsfähigkeit der Untergebenen

Abb. 1: Wie man berufsbedingte Abhängigkeiten kompensiert

selber eine Machtposition einzunehmen. Ein guter Manager nutzt diese Macht für eine optimale Planung, Organisation, Mitarbeiterführung, Budgetierung, Motivierung und Leistungsbewertung. Abb. 1 stellt die Abhängigkeitssituation dar.

Ohne die Fähigkeit, Macht zu erwerben und zu gebrauchen, sind Manager nur selten in der Lage, ihre berufsbedingte Abhängigkeit von anderen Menschen auszugleichen; dafür ist sie einfach zu vielschichtig, und die Möglichkeiten, sich auf andere Weise durchzusetzen, sind zu gering. Sie brauchen zusätzliche Macht und bestimmte Fähigkeiten, um sie einzusetzen, damit sie andere zur Mitarbeit motivieren können. Mit anderen Worten, der wichtigste Grund für das Entstehen und die Bedeutung der Machtdynamik im Unternehmen ist nicht unbedingt der, daß Manager generell machthungrig sind und um jeden Preis Karriere machen wollen, oder daß Konflikte zwischen den Menschen mit und denen ohne Autorität vorgezeichnet sind. Es liegt daran, daß die mit der Führungsrolle gekoppelte Abhängigkeit größer ist als die damit verbunde Macht oder Kontrolle. Die Machtdynamik ist unter diesen Umständen unabänderlich und notwendig, damit die Funktionstüchtigkeit des Unternehmens gewahrt bleibt.

Das relativ vereinfachte und daher leicht überzeichnete Beispiel von Jerry Donatur und Dave Hirsch, das jetzt folgt, zeigt, warum die Machtdynamik im Unternehmen entstehen muß und für ein effektives Management unentbehrlich ist. Jerry und Dave waren Kommilitonen, beide gleichermaßen intelligent, mit ausgeprägter Persönlichkeit und großer Energie. Nach dem Examen traten beide ihre erste Stellung an, die sich in mancher Hinsicht ähnelte. Beide verstanden etwas von modernen Managementmethoden und analytischen Arbeitsverfahren. Aber nach einem Jahr Praxis war ihre Situation völlig verschieden.

Jemand, der Daves Abteilung einen Besuch abgestattet hätte, wäre mit einer Situation konfrontiert worden, die aus den Lehrbüchern über effektives Management hätte stammen können: Es gab dort eine klare kurz- und langfristige Planung, eine logische Organisation und ein offensichtlich talentiertes und gut motiviertes Mitarbeiterteam. Eine Anzahl der verschiedensten Informations-

und Kontrollsysteme sorgte dafür, daß David und andere Firmenangehörige die Leistungen seiner Abteilung, die gleichbleibend bemerkenswert waren, überwachen konnten. Dave genoß die Achtung seiner Vorgesetzten und Untergebenen, die der Ansicht waren, die Effektivität der Abteilung sei in erster Linie ihm zu verdanken.

Jerry befand sich in der völlig entgegengesetzten Lage. In seiner Abteilung war von Planung nichts zu spüren. Die Organisation war chaotisch, die Arbeitsmoral gering und die Fluktuationsrate hoch. Die wenigen Informations- und Kontrollsysteme, die es gab, wurden – abgesehen von Jerry – von kaum jemandem beachtet. Die Abteilung überschritt ständig ihr Budget und wies, welchen Maßstab man auch anlegen mochte, ein unübersehbares Leistungsdefizit auf. Jerrys Vorgesetzte waren verärgert und zogen seine Kündigung in Betracht.

Ein Blick auf die Ereignisse, die zu dieser Situation geführt hatten, erklärt die unterschiedliche Entwicklung. Dave und Jerry traten etwa zur gleichen Zeit in ihre jeweilige Firma ein. Ihre Rolle im Unternehmen läßt sich in mancher Hinsicht vergleichen; zum Beispiel waren beide von einer ähnlichen Kategorie von Menschen abhängig. Aber die Art, wie sie ihren Aufgabenbereich in Angriff nahmen, war völlig verschieden.

Bevor Dave seine Arbeit antrat, bemühte er sich, soviel wie möglich über seinen neuen Wirkungskreis zu erfahren. Dabei entdeckte er so manches, zum Beispiel eine immer wiederkehrende Beanstandung der Mitarbeiter (»kein Platz im Büro«) und die größten Schwachstellen in der Arbeitsweise der Abteilung (»Die Planungsmängel führen dazu, daß wir zwei- bis dreimal im Jahr völlig überlastet sind«). Er nahm sich auch die Zeit, die Beziehung zu seinem Vorgesetzten, der das Einstellungsgespräch geführt hatte, zu vertiefen. In einem letzten Gespräch mit dem Präsidenten vor Arbeitsantritt brachte er die nach seiner Meinung berechtigten Klagen über den Platzmangel vor und erhielt die Zusage, daß das Büro um dreißig Prozent vergrößert werden würde.

Da Dave auf den Präsidenten schon Eindruck gemacht hatte, bevor er mit seiner Arbeit begann, suchte dieser ihn gleich in der ersten Woche auf, um zu sehen, wie er zurechtkam. Daves Untergebene staunten nicht schlecht: niemand konnte sich erinnern, den Firmenvorstand je in dieser Abteilung gesehen zu haben. Außerdem hatte Dave mehr Raum in Aussicht gestellt; das genügte, um seine Mitarbeiter zu begeistern.

In den ersten beiden Monaten nach seinem Arbeitsantritt konzentrierte sich Dave darauf, das Verhältnis zu seinen Untergebenen, seinem Chef und anderen Mitarbeitern des Hauses, auf deren Hilfe er angewiesen war, zu vertiefen. Er richtete seine Aufmerksamkeit ganz besonders darauf, eine Möglichkeit zu finden, das Planungs- und Arbeitsprogrammproblem, das die Abteilung hatte, zu lösen. Mit Hilfe einiger simpler Methoden, die man schon in der Schule lernt, gelang es ihm, das Arbeitsvolumen so einzuteilen, daß der nächste massive Arbeitsanfall reduziert wurde. Die Durchführung des Arbeitsplanes war einfach, weil er drastische Veränderungen, die Unruhe ausgelöst hätten, vermied.

Während der nächsten zehn Wochen konnte von dem »üblichen August-Chaos« keine Rede mehr sein. Es gab in der Abteilung zwar immer noch ein verstärktes Arbeitsvolumen und so manche »Reaktionsschwäche«, aber der gefürchtete Höhepunkt und die damit verbundenen Probleme traten nicht ein. Der Fortschritt blieb nicht unbemerkt – weder bei den eigenen Mitarbeitern noch bei denen aus anderen Abteilungen – bis hin zum Topmanagement zeigten sich alle beeindruckt.

In weniger als vier Monaten hatte Dave sich eine solch starke Machtposition geschaffen, daß er seinen Chef überreden konnte, ihm zwei weitere Mitarbeiter zur Verfügung zu stellen, die nicht im Budget vorgesehen waren. Es gelang ihm außerdem, seine Leute dazu zu bringen, noch leistungsbewußter und systematischer zu arbeiten.

Die Zeit vom fünften bis zum zwölften Monat verlief ebenso erfolgreich. Er pflegte weiterhin die guten Beziehungen zu anderen Firmenangehörigen, erhielt zusätzliche Ressourcen, die ihm seine Arbeit erleichterten. Monat für Monat nahm er ein weiteres Problem in Angriff, aber erst nachdem er glaubte, daß er genügend Macht habe, um es lösen zu können. Während des fünften und sechsten Monats entwickelte und implementierte er ein neues Informations- und Kontrollsystem. Im Laufe des siebten und achten Monats organisierte er seine Abteilung neu. Im neunten Monat entließ er einen seiner Mitarbeiter und versetzte einen anderen.

Am Ende des ersten Jahres hatte Dave eine Abteilung aufgebaut, die als Modell für andere galt. Und er war in der Lage, den Erfolgskurs beizubehalten, weil er, wie einer seiner Kollegen meinte, »eine sehr mächtige Position hat«.

Jerry trat seine Arbeit an, ohne wie Dave vorher seine »Hausaufgaben« zu machen. Während des ersten Monats verbrachte er den größten Teil der Zeit damit, die Aktivitäten und Probleme seiner Abteilung kennenzulernen. Dabei kamen ihm sein Studium und seine angeborene Intelligenz zugute. Innerhalb von sechzig Tagen kannte er die Stärken und Schwächen seines Teams genau.

Nach neunzig Tagen kündigte er an, daß er die Abteilung völlig neu organisieren wolle, entließ einen Mitarbeiter und bat seinen Vorgesetzten um die Erlaubnis, eine Hilfskraft einzustellen. Man teilte ihm mit, daß sein Chef mit ihm über seine Pläne reden wolle. Das darauffolgende Gespräch war unangenehm; der Vorgesetzte äußerte seine Besorgnis über das Vorhaben und stelle eine Reihe von Fragen, auf die Jerry zum Teil nicht vorbereitet war. Das Resultat der Besprechung war, daß Jerry gebeten wurde, solange mit seinen Neuerungen zu warten, bis sein Chef die Pläne eingehender studiert habe.

Jerry mußte seinen Mitarbeitern also mitteilen, daß es mit den geplanten Veränderungen noch eine Weile dauern könne. Ihr Verhältnis, das bis zu diesem Zeitpunkt gut war, begann sich rapide zu verschlechtern. Es gab neue Probleme in seiner Abteilung: Für Jerry ein Beweis mehr, wie notwendig seine Reformvorschläge waren. Sein Chef blieb jedoch unbeeindruckt.

Während dieser Zeit erhielt Jerry eine Mitteilung von einem anderen Abteilungsleiter (mit einer Kopie an dessen und seinen Chef), der sich mit scharfen Worten über eine Arbeit, die Jerrys Abteilung ausgeführt hatte, beklagte. Dieser Vorfall löste eine mittlere Krise aus: Die anschließenden Befragungen nahmen auch noch im darauffolgenden Monat den größten Teil von Jerrys Zeit in Anspruch.

Einen Monat später schickten zwei von Jerrys Untergebenen eine anonyme Beschwerde an seinen Vorgesetzten. Der Brief führte wieder zu endlosen Meetings, die Jerry in den nächsten zwei Monaten »in Trab« hielten.

Im elften Monat hatte sich die Situation weiter verschlechtert. Jerry erkannte, daß er auf verlorenem Posten stand (»Ich muß froh sein, wenn irgend jemand hier noch einen Brief für mich schreibt«) und bemühte sich um eine Stellung in einem anderen Unternehmen.

Dieser enttäuschende Beginn von Jerrys beruflicher Laufbahn wäre zu vermeiden gewesen, wenn er sich von Anfang an genauso wie Dave verhalten hätte. Dadurch, daß Dave seine Machtposition sytematisch ausbaute und einsetzte, um andere Firmenangehörige, auf die er angewiesen war, zu beeinflussen, gelang es ihm, eine vorbildliche Abteilung aufzubauen. Jerrys Schwäche war die Hauptursache dafür, daß er nicht in der Lage war, seine Abteilung in den Griff zu bekommen.

Ein gewisses Machtpotential ist für eine effektive Führungsarbeit immer notwendig. Fehlt es, ist der Manager den Menschen ausgeliefert, von denen er abhängig ist, und es wird ihm mit Sicherheit nicht gelingen, seinen vielfältigen Aufgaben im Hinblick auf die Planung, Organisation, Kontrolle, Motivation und Beurteilung von Mitarbeitern gerecht zu werden. Deshalb ist es keineswegs erstaunlich, daß die Machtdynamik ein wesentlicher Bestandteil der Führungspraxis ist.

Machtbedürfnisse und der Grad der Abhängigkeit in der Führungspraxis

Ein Argument, das vor einigen Jahren während eines Seminars für das mittlere Management vorgebracht wurde, kann vielleicht das Verhältnis zwischen dem Machtbedürfnis des Managers und dem Grad seiner Abhängigkeit verdeutlichen.

Zwei der Teilnehmer, beide in den Dreißigern, gerieten in eine heftige Kontroverse über den Erwerb und Gebrauch von Macht. Der eine behauptete, Macht sei für den Manager ein irrelevanter Faktor; der andere vertrat den Standpunkt, Macht spiele in der Führungsarbeit eine Schlüsselrolle. Die Kontrahenten schilderten zur Bekräftigung ihrer These einen »erfolgreichen Manager«, mit dem sie zusammenarbeiteten: Der eine schien ständig seine Machtposition zu stärken und einzusetzen, der andere nur selten. Später wurden beide Teilnehmer gebeten, die Arbeit »ihrer« Manager unter dem Aspekt der situationsbedingten Abhängigkeiten zu beschreiben.

Der Mann, der die Meinung vertrat, Macht sei unwichtig, sprach vom Personalchef einer kleinen Firma, der von seinen Untergebenen, Kollegen und seinem Vorgesetzten abhängig war. Er hatte dafür zu sorgen, daß seine Leute ihre Arbeit ordentlich erledigten. Aber er konnte im Notfall auch ihren Platz einnehmen oder sie problemlos durch geeigneteres Personal ersetzen. Er hatte ihnen gegenüber eine gewisse formale Autorität, konnte Gehaltserhöhungen bewilligen, ihnen ein neues Projekt zuweisen, sie für Beförderungen vorschlagen oder auch entlassen. Er war in erträglichem Maße auf die Informations- und Kooperationsbereitschaft der vier anderen Abteilungsleiter des Unternehmens angewiesen, die umgekehrt auch von ihm abhängig waren. Der Firmenvorstand hatte Phillips – so hieß der Mann – gegenüber formale Machtbefugnisse, brauchte aber ebenfalls seine Hilfe, seinen fachmännischen Rat, die Leistungsbereitschaft seines Teams, Informationen und seine Mitarbeit generell.

Der zweite Seminarteilnehmer, der Macht für wichtig hielt, bezog sich auf einen Kundendienstleiter namens Sam Weller, der in einer völlig anderen Position in einem großen, komplexen, wachstumsorientierten Konzern arbeitete. Weller war nicht nur von der Anerkennung und den Informationen seines direkten Vorgesetzten abhängig, sondern auch noch von dreißig weiteren Topmanagern seines Unternehmensbereiches und des

Stammhauses. Sein unmittelbarer Vorgesetzter war, wie der von Phillips, bis zu einem gewissen Grad von ihm abhängig, aber das restliche Management nicht. Da die Mitarbeiter in Wellers Abteilung, anders als in Phillips', auch wiederum Untergebene hatten, war er auch noch auf sie angewiesen, weil er sie nicht ohne weiteres ersetzen oder ihre größtenteils technische Arbeit übernehmen konnte.

Außerdem brauchte Weller die Hilfe von zwei Abteilungsleitern in seinem Unternehmensbereich, die ihrerseits nicht Wellers Unterstützung bedurften. Er war darüber hinaus von einige lokalen Gewerkschaftsfunktionären und einer Behörde, die für seine Abteilung zuständig war, abhängig, da beide eine Stillegung seiner Abteilung bewirken konnten; dazu kamen noch zwei Zulieferbetriebe, die ihm wichtiges Arbeitsmaterial zustellten. Weil das Einkaufsvolumen seiner Abteilung bei so großen Firmen kaum ins Gewicht fiel, hatte er wenig Einfluß auf sie.

Unter diesen Umständen mußte Sam Weller, im Gegensatz zu Joe Phillips, viel Zeit darauf verwenden, Macht zu erwerben und zu benutzen. Er war aufgrund seiner Position in viel stärkerem Maße auf andere angewiesen; er mußte sich machtorientiert verhalten, um seine Abhängigkeit zu reduzieren.

Natürlich wäre das Thema Macht weit weniger relevant, wenn die Mehrzahl der Führungspositionen mehr der von Phillips als der Wellers gleichen würden. Leider ist das nicht der Fall. Obwohl man anführen könnte, daß man unsere Unternehmen neu strukturieren müßte, um das zu ändern, ist eindeutig zu erkennen, daß der Trend in den letzten zwanzig bis dreißig Jahren eher in die entgegengesetzte Richtung weist.

Der technologische Fortschritt, das Wachstum der Unternehmen, die Rohmaterial-Kartelle und die zunehmende Aktivität der Regierung begünstigen die mit der Führungsarbeit gekoppelte Abhängigkeit. Besonders außerhalb des Unternehmens haben sich die Quellen der Abhängigkeit im letzten Jahrzehnt vervielfältigt. Gleichzeitig wird durch die zunehmend negative Einstellung der Arbeitnehmer gegenüber einem autoritären Führungsstil die Macht, die automatisch mit der Führungsrolle verbunden ist, geschmälert. Da ein Ende dieser Tendenz nicht absehbar ist, wird es immer schwieriger, Führungspositionen zu schaffen, in denen die Autorität ebenso groß ist wie die Verantwortung. Unter diesen Umständen gewinnt die Machtdynamik noch größere Bedeutung in komplexen Unternehmen, und der effektive Erwerb und Einsatz von Macht wird für die Führungsarbeit immer unentbehrlicher.

Obwohl ich niemanden kenne, der es bereitwillig zuge-
ben würde, verwenden alle Manager erstaunlich viel
Zeit auf Aktivitäten, die – zumindest bis zu einem
gewissen Grad – darauf abzielen, Macht zu erwerben
oder ihre Machtposition auszubauen. Ich bin überzeugt,
daß so mancher sich nicht einmal bewußt ist, wieviel
Zeit er damit verbringt, weil vieles ganz intuitiv ge-
schieht.[1]

Der Vizepräsident eines großen Fabrikationsbetriebes

3. Grundlegende Methoden des Machterwerbs und der Machterhaltung

Die meisten erfolgreichen Manager haben sich ähnlicher
Methoden in verschiedener Abstufung bedient, um ihre
Macht zu erwerben. Einige würden von der Manage-
mentliteratur als »gute Führungspraktiken«, andere als
»schlechte« bezeichnet werden, und manche könnten,
zumindest auf den ersten Blick, als unmoralisch gelten.
Im Augenblick geht es uns allerdings weniger darum, zu
beurteilen, wie Führungskräfte sich verhalten *sollen*,
sondern wie sie sich beim Erwerb von Macht *tatsächlich*

---

1   In einem Interview mit dem Autor.

verhalten. Später werden wir uns dann mit den Konsequenzen dieser Verhaltensweisen befassen.

Einfluß auf materielle Ressourcen gewinnen

Macht erwerben heißt, ein Beeinflussungspotential schaffen, also alle Möglichkeiten auszuschöpfen, um andere zu motivieren, sich den eigenen Vorstellungen entsprechend zu verhalten und zu verhindern, daß man Sie zu etwas zwingt. Die naheliegendste Methode, ein solches Machtpotential zu entwickeln, besteht darin, direkten Einfluß auf die materiellen Ressourcen des Unternehmens – wie zum Beispiel Budget, Mitarbeiter, Gebäude und Ausrüstung – zu gewinnen.

Die bekannte Geschichte vom Feldwebel, der in Kriegszeiten aufgrund der Kontrolle, die er über den knappen Materialnachschub hatte, über mehr Macht als die meisten Hauptleute verfügte, basiert auf Tatsachen. Ressourcen tragen wesentlich dazu bei, die Position eines Managers so zu stärken, daß er andere Menschen beeinflussen und nach weiteren Formen der Macht suchen kann.

Oft gelingt es einem Manager, Einfluß auf die Ressourcen zu nehmen, wenn er seinen Vorgesetzten durch seine hervorragenden Leistungen auffällt. Ressourcen scheinen den Leistungsbewußten geradezu »in den Schoß« zu fallen, wie wir bereits am Beispiel Dave Hirsch gesehen haben. Er überzeugte so sehr durch seine Erfolge, daß man ihm bereitwillig zusätzliche Mitarbeiter zur Verfügung stellte.

Es gibt auch andere Mittel und Wege für den Manager, Einfluß auf die Ressourcen zu gewinnen. Eine weitverbreitete Taktik ist die, eine Position im Management zu entdecken und zu erhalten, die formal gesehen wenig Macht verspricht, aber ein beachtliches Potential enthält; mehrere knappe Ressourcen zu kontrollieren (wie die Stellung des Feldwebels im Nachschubdepot). Ein Manager in einer Gesundheitsorganisation erklärte dazu:

»1969 habe ich im Redding-Krankenhaus im unteren Management angefangen. 1970 wurde eine ähnliche Stellung in einer anderen Abteilung des Hospitals frei. Da ich im ersten Jahr hervorragende Beurteilungen hatte, zog man mich als Kandidaten in Betracht. Ich erhielt die Stellung aber hauptsächlich deshalb, weil niemand mit vergleichbaren Qualifikationen daran interessiert war. Ich entschied mich für die Versetzung, weil sich damals gerade eine Reihe von bedeutenden Veränderungen abzuzeichnen begannen, und ich war der Überzeugung, daß aufgrund dieses Umbruchs in der Medizin und in der Gesetzgebung diese bis dahin untergeordnete Abteilung beträchtliche finanzielle Unterstützung erhalten würde. Als der Abteilungsleiter befördert wurde, bewarb ich mich um seinen Posten.«

»Meine Überlegungen erwiesen sich als richtig. Ich konnte das Budget dieser Abteilung in den letzten drei Jahren um 2 000 % erhöhen. Und dadurch wurde ich

zu einem der mächtigsten Männer unseres Krankenhauses.«

Erfolgreiche Manager gewinnen Einfluß auf die Ressourcen, indem sie ein Gespür für die Wirkung all ihrer
Entscheidungen im Hinblick auf diese Ressourcen entwickeln. Sie wollen auf nichts verzichten.

Informationssammlung und Steuerung der Informationskanäle

Eine zweite Möglichkeit besteht in der Kontrolle zweck-
dienlicher Informationen und Informationskanäle. In
einer komplexen Gesellschaft oder Organisation kann
der Informationsfluß noch wichtiger sein als die traditionellen materiellen Ressourcen, weil rationale Problemlösungsprozesse und Einflußnahme durch Überzeugung
hier von essentieller Bedeutung sind. Wer über rare
Informationen verfügt – zum Beispiel im Hinblick auf die
Motivation spezifischer Gruppen oder auf Ergebnisse
und Prozesse, die mit der Unternehmenszielsetzung verbunden sind – kann seine Problemlösungsfähigkeit
enorm verbessern. Insofern bedeutet Information Macht.

Einer der Manager, der es aufgrund seiner hervorragenden Informationen und der Steuerung der Informationskanäle zu einer einflußreichen Position gebracht hat,
ist Barry Edwards. 1971 erhielt er das Angebot, die
Firma, für die er zehn Jahre lang gearbeitet hatte, zu
wechseln und stellvertretender Leiter der Finanzabtei-

lung eines mittelgroßen Produktionsbetriebes in einer relativ etablierten Branche zu werden. Wie so oft der Fall beim Führungskräftenachwuchs war auch seine tatsächliche Macht anfangs trotz der mit seiner Stellung verbundenen formalen Autorität nicht besonders groß, was sich allerdings im Laufe von neun Monaten änderte. Schon nach acht Monaten waren Kollegen und Mitarbeiter der Meinung, Edwards sei ebenso mächtig wie der Firmenvorstand.

Edwards ging dabei folgendermaßen vor: Er entwickelte zusammen mit seinen Mitarbeitern sechs neue Informationskontrollsysteme, deren Daten direkt an ihn gingen. Diese Systeme informierten über die Kosten jeder Produktlinie, den Ausschuß jeder Fabrik und die Leistungen jedes Mitarbeiters in den größeren Abteilungen. Dann verbrachte er einige Zeit damit, die gesamte Belegschaft des Unternehmensbereiches kennenzulernen und sie danach von Zeit zu Zeit aufzusuchen, um Neuigkeiten, die ihre Arbeit betrafen, zu erfahren. Da er diese mehr oder weniger formalen Informationssysteme fest im Griff hatte, verfügt er fast immer über genaue Kenntnisse der wichtigsten Unternehmensaktivitäten. Dadurch wurde er zum Berater in vielen Unternehmensbelangen.

Natürlich läßt sich nicht aus allen Arten von Informationen Macht ableiten. Einige Informationen haben, da sie schwerer zu erhalten oder besonders aktuell sind, größeres Gewicht als andere (das gleiche gilt für die materiellen Ressourcen). Die Menschen, die ein besonderes Geschick beim Erwerb von Macht durch eine Informationskontrolle bewiesen haben, scheinen zwischen den mehr und den weniger relevanten Daten ausgezeichnet differenzieren zu können.

Barry Edwards war zum Beispiel ein äußerst kompetenter Analytiker, was das Unternehmen im allgemeinen und die Finanzabteilung im besonderen betraf. Seine analytischen Fähigkeiten halfen ihm dabei, ein Informationssystem zu konzipieren und auf weniger formaler Basis anderen wichtige Fragen zu stellen. Seine Kenntnisse von der Machtdynamik veranlaßten ihn, Systeme zu schaffen und anzuwenden und sich mit Dingen zu befassen, um die ihn niemand – auch nicht sein Vorgesetzter – gebeten hatte. Der Fall Edwards ist ein interessantes Beispiel dafür, wie eine Kombination aus technischem Know-how, machtorientiertem Verhalten und persönlicher Qualifikation zum Erfolg führen kann.

Positive Beziehungen vertiefen

Eine weitere Möglichkeit, Macht zu erwerben, besteht darin, sich auf die zwischenmenschlichen Beziehungen zu konzentrieren. Die relevanten Methoden sind vielleicht auf Anhieb schwerer verständlich als die Kontrolle der Ressourcen, aber insgesamt vielleicht noch wichtiger.

Bei dieser Form des Machterwerbs geht es in erster Linie darum, integer zu wirken. Persönliche Integrität kann sich durchaus auf verschiedene Art bemerkbar machen, aber sie bewirkt immer, daß andere Menschen eher bereit sind, sich dem Manager innerhalb gewisser Grenzen unterzuordnen. Solche Beziehungen können ihm bei der Beeinflussung derer, auf die er angewiesen ist, eine große Hilfe sein. Zudem bieten sie ihm einen indirekten Zugang zu ihren materiellen Ressourcen und Informationen.

Ein Gefühl der Verpflichtung wecken

Ein Manager kann für ihn vorteilhafte positive Beziehungen zu anderen dadurch herstellen, daß er in ihnen ein Gefühl der Verpflichtung weckt.

Zum Beispiel erweist er jemandem eine Gefälligkeit und kann erwarten, daß dieser sich verpflichtet fühlt, sich dafür zu revanchieren. Manche Manager sind sehr geschickt, in diesem Zusammenhang nach Möglichkeiten zu suchen, die nicht sehr aufwendig sind, aber besonders geschätzt werden. Ein Manager, so behauptet einer seiner Mitarbeiter, hat es in dieser Taktik zu solcher Meisterschaft gebracht, daß »die meisten von uns für ihn durchs Feuer gehen würden«.

Und wie sieht diese Taktik aus? »Er weiß genau, wie er erreichen kann, daß man sich wohlfühlt. Er hat ein unglaublich gutes Auge für die Nebensächlichkeiten, die in Wirklichkeit soviel bedeuten. Neulich hat er zum Beispiel unter seiner Post eine Anzeige gefunden, in der von einem Artikel die Rede war, von dem mir einer meiner Untergebenen ganz beiläufig erzählt hatte, daß er ihn schon seit geraumer Zeit suche. Mein Chef sorgte dafür, daß er die Anzeige bekam. Das kostete ihn kaum mehr als fünfzehn Sekunden Zeit, aber mein Mitarbeiter schätzte diese Geste sehr. Oder, um Ihnen noch ein Beispiel zu geben, vor zwei Wochen hat er erfahren, daß die Mutter des Einkaufsleiters gestorben war. Auf dem Heimweg vom Büro ging er in das Beerdigungsinstitut. Der Einkaufsleiter war zu der Zeit natürlich auch dort. Er wird sich noch lange Zeit an diesen Besuch erinnern.«

Da die meisten Menschen der Meinung sind, daß zur Freundschaft auch gewisse Verpflichtungen gehören, versuchen manche Manager, ein enges Verhältnis zu einem mächtigeren Vorgesetzten anzubahnen. Sie treffen auch mehr oder weniger formale Vereinbarungen, in denen sie zu Konzessionen bereit sind, um sich den Partner für die Zukunft zu verpflichten. Oder sie suchen nach Möglichkeiten, ihre Untergebenen so an sich zu binden, daß diese ihre formale Autorität bereitwillig anerkennen. Zum Beispiel könnte sich ein Manager mit neuen Mitarbeitern zusammensetzen oder mit Leuten, die einem neuen Projekt zugeteilt sind, ein Abkommen treffen, wer welche formalen Befugnisse hat, um das Gefühl der Verpflichtung, sich ihm zu einem späteren Zeitpunkt unterzuordnen, zu verstärken.

Natürlich versuchen machtorientierte Manager selten, wenn überhaupt, Freundschaften zu schließen, Bündnisse einzugehen oder anderen gefällig zu sein, *nur* um Macht zu gewinnen. Der Manager, der das Beerdigungsinstitut aufsuchte, kann aus altruistischen, organisatorischen oder egoistischen Gründen gehandelt haben. Wie alle Menschen haben auch Manager verschiedene Motive. Aber zu den charakteristischsten Merkmalen erfolgreicher Manager gehört die Fähigkeit, Handlungsmöglichkeiten zu entdecken und zu nutzen, die sowohl ihnen selbst als auch ihren Unternehmen dienlich sind.

In Fachkreisen Anerkennung erringen

Macht läßt sich auch dadurch erwerben, daß man sich einen Ruf als Experte auf einem bestimmten Gebiet verschafft. Viele Menschen fügen sich eher den Anordnungen eines Managers, von dessen Fachkompetenz sie überzeugt sind.

Diese Form der Macht ist normalerweise auf sichtbaren Leistungen begründet. Je spektakulärer und deutlicher der Erfolg, desto größer ist die Macht, die der Betreffende daraus ableiten kann. Die Nachprüfbarkeit ist besonders in großen Institutionen wichtig, in denen die meisten Mitarbeiter nur aus zweiter Hand von der beruflichen Kompetenz der anderen erfahren.

Die Bedeutung der Belegbarkeit läßt sich am Fall Herb Randley und Bert Kline, beide 35 Jahre alt und stellvertretende Leiter einer großen Forschungs- und Entwicklungsabteilung, ermessen. Nach Angaben ihrer Mitarbeiter waren beide gleichermaßen gute Techniker und fähige Manager. Dennoch genoß Randley in den Fachkreisen des Unternehmens größeres Ansehen und seinen Ideen maß man von vorneherein größeres Gewicht bei. Freunde und Kollegen behaupten, Randleys Vorrangstellung verdanke er verschiedenen Taktiken, mit deren Hilfe er seine Leistungen sichtbar gemacht hatte.

Randley hatte mehr wissenschaftliche Veröffentlichungen und Artikel zum Thema Unternehmensführung vorzuweisen als Kline. Er suchte seine Aufgaben sorgfältiger aus und entschied sich für diejenigen, die eher ins Auge fielen und seiner Begabung entgegenkamen. Er hatte bei vielen Projekten zusätzliche Erläuterungen gegeben und eigene Vorschläge gemacht. Bei Konferenzen engagierte er sich auf den Gebieten, in denen er sich auskannte und hörte zu, wenn ihm die nötigen Fachkenntnisse fehlten.

Die Macht, die von wichtigen – und sichtbaren – Erfolgen ausgeht, ist für die berufliche Laufbahn des Managers von besonderer Bedeutung. Heute ist in den meisten Unternehmen diese Art von Macht weit mehr verbreitet als noch vor dreißig oder vierzig Jahren. Unsere Manager haben – aufgrund ihrer besseren Ausbildung – mehr Achtung vor der Fachkompetenz eines Menschen. Und unsere modernen, technologisch komplexeren Unternehmen brauchen sie viel dringender.

Den Wunsch nach Identifikation stärken

Manager können ihre Macht vergrößern, indem sie den oft unbewußten Wunsch der anderen, sich mit ihnen oder den Dingen zu identifizieren, die sie »verkörpern«, verstärken. Diese Form der Macht wird am deutlichsten in der Reaktion der Menschen auf charismatische Führerpersönlichkeiten. Generell läßt sich sagen, je mehr jemand eine Führungspersönlichkeit bewußt oder (noch wichtiger) unbewußt idealisiert, desto bereitwilliger wird er sich ihr unterordnen.

Manager entwickeln ihre Macht auf der Basis der Idealvorstellungen, die andere von ihnen haben, auf verschiedene Weise. Sie versuchen zum Beispiel, durch ihr Verhalten die Bewunderung der anderen zu gewinnen. Sie scheuen keine Mühen, um mit ihren Leuten Kontakt zu halten und sprechen über Unternehmensziele, Werte und Ideale. Auch bei der Einstellung oder Beförderung von Mitarbeitern spielt die Überlegung eine Rolle, ob sie ihren Einfluß auch auf diesen Kandidaten ausweiten können.

Der stellvertretende Verkaufsdirektor eines mittleren Dienstleistungsbetriebes hatte sich seine Position buchstäblich »aus dem Nichts« geschaffen; er war mit siebzehn in die USA ausgewandert. 1965 wurde er Verkaufsleiter und begann, hauptsächlich Emigranten aus seiner alten Heimat und deren Söhne einzustellen. Er hielt sich noch an diese Taktik, als er 1970 zum stellvertretenden Verkaufsdirektor ernannt wurde. 1975 stellte er noch 85 % des Verkaufspersonals selber ein oder es wurde von Leuten, die er angestellt hatte, in die Firma geholt. Seine Macht über seine Belegschaft, die sich primär auf die starke Identifikation mit seiner Person und den Dingen, für die er ein Symbol war, stützte, war außerordentlich groß. Es war bekannt in der Branche, daß es ihm ohne weiteres gelingen würde, seine Leute in einem Drittel der Zeit, die der größte Konkurrent des Unternehmens brauchte, auf ein neues völlig anderes Marketingprogramm vorzubereiten.

Obwohl seine Methode des Machterwerbs wahrscheinlich von größerem Wert für Politiker als für Manager sein dürfte, spielt sie in den meisten Unternehmen eine Schlüsselrolle. Wir alle brauchen manchmal jemanden, zu dem wir aufsehen können, der uns angesichts der Probleme, mit denen wir konfrontiert werden Selbstwertgefühl und Selbstvertrauen vermittelt und der uns darin bestärkt, einen Sinn in unserem Tun zu sehen besonders dann, wenn wir unsere Arbeit als trivial oder nutzlos empfinden. Eine Führungskraft, der es gelingt, diese Bedürfnisse zu befriedigen, kann ihre Machtposition erheblich ausbauen.

Ein Gefühl der Abhängigkeit schaffen

Manager können durch die Steuerung zwischenmenschlicher Beziehungen Macht erwerben, indem sie andere in ihrem Glauben bestärken, auf die Hilfe oder Sicherheit, die der Manager ihnen bietet, angewiesen zu sein. Je größer das Gefühl der Abhängigkeit, desto größer ist auch die Kooperationsbereitschaft.

Um dieses Abhängigkeitsgefühl zu schaffen, versucht der Manager zunächst, eine Position zu erreichen, aus der heraus er die Ressourcen, die andere dringend brauchen, weil sie nicht selber über sie verfügen oder sie nicht anderweitig erwerben können, kontrollieren kann. Dann vergewissert er sich, daß die anderen erkannt haben, daß er ihnen mit seiner Entscheidung über diese Ressourcen zu nutzen oder zu schaden vermag.

Betrachten wir einmal das folgende zwar extreme, aber auf Tatsachen beruhende Beispiel. Tim Babcock wurde leitender Geschäftsführer eines wichtigen Unternehmensbereiches in einem großen Fabrikationsbetrieb und hatte die Aufgabe, seine Division »völlig umzukrempeln«. Er verbrachte die ersten Wochen damit, die Situation genau zu analysieren. Er erkannte, daß die Abteilung in einem katastrophalen Zustand war und daß einiges geändert werden mußte. Er stellte außerdem fest, daß er dazu innerhalb kürzester Zeit beträchtlichen Einfluß auf den größten Teil des Management und des Personals in diesem Unternehmensbereich nehmen mußte. Deshalb machte er folgendes:

– Er unterrichtete das Topmanagement zwei Stunden vorher von seiner Ankunft.

– Er fuhr mit sechs Assistenten in einer Limousine vor.

– Er beraumte sofort eine Konferenz mit den vierzig Topmanagern des Stammhauses ein.

– Er skizzierte seine Einschätzung der Situation, bestätigte seine Bereitschaft, den Unternehmensbereich auf Erfolgskurs zu bringen und erläuterte, in welche Richtung die von ihm geplanten Veränderungen zielten.

– Dann entließ er vier Spitzenmanager und befahl ihnen, ihren Schreibtisch innerhalb von zwei Stunden zu räumen.

– Er wies darauf hin, daß er alles daran setzen würde, die Karriere derjenigen zu zerstören, die sich seinem Vorhaben, die Division zu sanieren, in den Weg stellen würden.

– Er beendete das einstündige Meeting mit der Mitteilung, daß seine Assistenten mit jedem der Anwesenden einen Termin für ihn ausmachen würden, beginnend am nächsten Morgen um sieben Uhr.

Während der nächsten sechs Monate arbeiteten diejenigen, die in der Abteilung blieben, bereitwillig mit Mr. Babcock zusammen.

Eine zweite Möglichkeit, auf diese Art Macht zu gewinnen, besteht darin, die Vorstellungen anderer von den eigenen Ressourcen zu beeinflussen. In großen Unternehmen, wo ein Manager nicht ständig engen Kontakt zu allen Menschen hat, von denen er abhängig ist, haben die wenigsten klare oder belegbare Vorstellungen davon, über welche Ressourcen ein Manager direkt – oder indirekt durch seine Mitarbeiter – verfügt oder verfügen wird, oder inwieweit er die Möglichkeit hat, sie zu ihrem Vor- oder Nachteil einzusetzen. Sie sind gezwungen, sich ein subjektives Urteil zu bilden. Manager haben deshalb, wenn es ihnen gelingt, diese Vorstellungen zu formen, ein weit größeres Machtpotential zur Hand als das, was sie mit Hilfe ihrer tatsächlichen Verfügungsgewalt über die Ressourcen erwerben könnten.

Manager, die auf die Vorstellungen anderer Einfluß nehmen, legen oft großen Wert auf die Symbole der Macht. Sie wählen, gestalten und arrangieren ihre Büros zum Beispiel so, daß ihre Macht spürbar wird. Sie suchen den Kontakt zu Menschen und Organisationen, deren Machtstellung anerkannt ist. Sie tragen gelegentlich sogar absichtlich dazu bei, daß Gerüchte über ihren Machtstatus neue Nahrung erhalten.

Bill Jennings gehört in diese Kategorie. Trotz der Tatsache, daß die Abteilung, die er leitete, nur ein relativ kleiner Teilbereich in einem großen Konzern mit breit gestreutem Unternehmensprogramm war, hielten ihn viele für mächtiger als so manchen seiner Vorgesetzten. Der Grund? »Er scheint mit dem Vorstandsvorsitzenden befreundet zu sein«, sagte mir einer seiner Kollegen. »Sie essen oft zusammen, und er arbeitet gerade an einem speziellen Projekt für ihn. Die meisten von uns glauben, daß er die Firma eines Tages leiten wird. Ob das stimmt, weiß niemand genau, aber keiner würde es wagen, Jennings zu verärgern. Alle geben sich die größte Mühe, wenn sie mit ihm zusammenarbeiten.«

Schlüssel zum erfolgreichen Machterwerb

Manager, die mit bemerkenswertem Erfolg Macht erwerben und ihre Machtposition ausbauen, richten sich nicht immer genau oder im gleichen Ausmaß nach den hier beschriebenen Methoden. Aber sie haben einige charakteristische Merkmale gemeinsam:

1. Sie haben ein Gespür dafür entwickelt, wo sich im Unternehmen Ansätze zum Machterwerb bieten.

Erfolgreiche Manager bemühen sich weit über die formalen Organisationsschemata und Stellenbeschreibungen hinaus in Erfahrung zu bringen, wer über wirklich wichtige Ressourcen und Schlüsselinformationen verfügt, welche zwischenmenschlichen Beziehungen für sie von Wert sein können und worauf andere angewiesen sind. Sie entwickeln in dieser Hinsicht großes Einfühlungsvermögen, weil sie erkannt haben, daß es im Unternehmen absolut notwendig ist. Ohne diese Kenntnisse könnten sie nicht die Art von Macht aufbauen, die sie brauchen. Sie würden zuviel Zeit und Mühe darauf verwenden, am falschen Platz nach Möglichkeiten zu suchen und eine positive und enge Beziehung zu den falschen Leuten aufzubauen. Darüber hinaus bestünde die Gefahr, unbeabsichtigt eine einflußreiche Person zu verstimmen, auf deren Wohlwollen man angewiesen ist.

2. Alle Manager halten sich mehr oder weniger an die in diesem Kapitel beschriebenen Methoden des Machterwerbs.

Natürlich machen manche von diese Möglichkeiten öfter Gebrauch als andere. Aber im Gegensatz zu den Managern, die weniger einflußreich sind, halten sie diese Methoden nicht von vornherein für wenig erfolgversprechend oder »unmoralisch«. Sie erkennen intuitiv, daß sie unter bestimmten Voraussetzungen dazu beitragen können, ihnen die erwünschte Machtposition zu verschaffen. Außerdem ist ihnen bewußt, daß sie, wenn sie diese Methoden ignorieren, zwangsläufig das vorhandene Machtpotential und somit auch ihre Leistungsfähigkeit reduzieren, wodurch sie sich selber in eine Situation extremer Unsicherheit und Verletzlichkeit bringen.

3. Einflußreiche Manager nehmen überschaubare Risiken auf sich, in die sie einen Teil ihrer Macht »investieren«, in der Hoffnung, daß sich diese Investition bezahlt macht.[2]

Edward Bainfield, ein Staatswissenschaftler, berichtete erstmals, daß erfolgreiche Politiker ihre Macht auf ähnliche Weise gebrauchen wie erfolgreiche Unternehmer ihr Kapital. Sie zeigen sich risikofreudig und setzen ihre Macht in Entscheidungen und Aktivitäten um, in der Hoffnung, ein Vielfaches davon zurückzugewinnen. Ich

[2] (Siehe Political Influence, New York: Free Press 1975, Kapitel 11).

glaube, dasselbe gilt für die meisten erfolgreichen Manager.

Mark Schlechtmann ist in dieser Hinsicht ein typischer Fall. In den ersten drei Jahren nach Antritt seiner Stellung erweiterte er seine Macht dadurch, daß er um seine Versetzung in eine Abteilung bat, die im Fünf-Jahres-Plan seines Unternehmens eine Schlüsselrolle spielte. Die Bitte wurde gewährt und man ernannte ihn zum Leiter eines Bauprojektes, bei dem er seinen gesamten Einfluß geltend machte, um den Bau einen Tag früher als geplant zu beenden. Dadurch erreichte er, daß man seinen Namen in Fachkreisen zu schätzen lernte, daß er einen Vizepräsidenten als Mentor gewann und daß er befördert wurde. Mit dieser Beförderung waren eine noch größere formale Autorität, zusätzliche Verantwortung, mehr materielle Ressourcen und die Kontrolle über weitere Informationskanäle verbunden. Er benutzte dieses Potential, um seine Machtposition zu verstärken. Aufgrund der engen Beziehung zu seinem einflußreichen Mentor und des Ansehens, das er im Topmanagement genoß, konnte er bei einigen seiner Kollegen ein Abhängigkeitsgefühl erzeugen, das dazu beitrug, daß er seine finanziellen und anderen Ziele für das laufende Jahr weit übertreffen konnte. Das brachte ihm eine erneute Beförderung ein.

Natürlich investieren auch die geschicktesten Manager gelegentlich ihre Macht, ohne das zurückzubekommen, was sie erwartet haben: Das liegt in der Natur des Risikos und läßt sich in keinem Lebensbereich ausschließen.

4. Machtorientierte Manager haben erkannt, daß sich all ihre Aktivitäten auf ihre Macht auswirken und vermeiden deshalb diejenigen, die sie unnötig vermindern.

Einflußreiche Manager neigen dazu, die Konsequenzen ihres Handelns nicht nur im Hinblick auf das Unternehmen, sondern auch auf ihre Macht abzuwägen (siehe Abb. 2). Den meisten kommt es dabei nicht nur darauf an, die Alternativen zu wählen, die ihnen den größten Machtgewinn versprechen, sondern sie wollen vielmehr wissen, um welchen Preis sie bestimmte Unternehmensziele erreichen. Sie empfinden ihre Macht als zu wertvoll, um sie zu verschwenden.

5. Sie steuern ihre Karriere, indem sie versuchen, in der Unternehmenshierarchie aufzusteigen und eine Stellung dabei anzustreben, die ihnen die Kontrolle eines strategischen Kontingents ermöglicht.[3]

Manager in anerkannter Machtposition wissen, daß sie ihre Macht gelegentlich konsolidieren, benutzen müssen, um noch mehr formale Autorität zu erlangen. Es ist unmöglich, auf unterer Management-Ebene langfristig Macht zu gewinnen oder zu behalten.

Einflußreiche Manager erwerben und halten ihre Machtposition, indem sie Stellungen im Unternehmen

---

[3] (Siehe auch G. Salancik und J. Pfeiffer, »Who gehts Power – And How They Hold On To It: A Strategic-Contingency Model of Power«, Organizational Dynamics, Winter 1977)

anstreben, in denen sie Schlüsselkontingente kontrollieren können. Ist zum Beispiel die technische Produktinnovation der Kernbereich in ihrer Branche, wäre es vorteilhaft, in die Forschungs- und Entwicklungsabteilung zu gehen. Steht der Verkauf im Mittelpunkt des Interesses, würden sie versuchen, dort Karriere zu machen. Sie haben erkannt, daß sich ihre Firma aufgrund des starken Wettbewerbs profilieren und mit ihrer Umwelt auseinandersetzen muß; deshalb zählen diejenigen, die die besten Problemlösungen in Bezug auf diese Umweltfaktoren zu bieten haben, zu den wichtigsten Personen im Unternehmen. Jeder ist auf die eine oder andere Weise von ihnen abhängig, und diese Situation verleiht ihnen große Macht.

Abb. 2: Führungsverhalten und Machterwerb

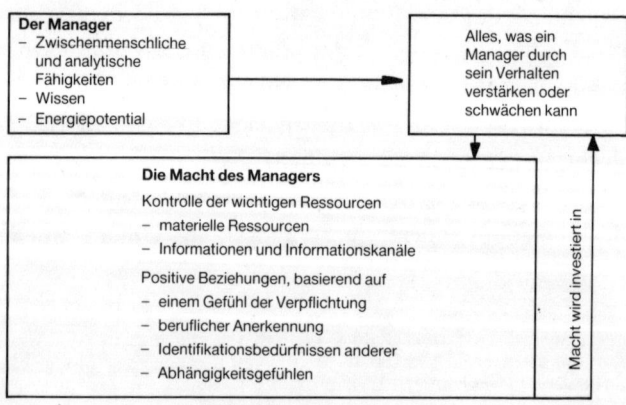

4. Grundmethoden des Machtgebrauchs als Beeinflussungsinstrument

Effektive Manager setzen ihre Macht ein, um andere Menschen zu beeinflussen. Zu diesen Menschen zählen Vorgesetzte, Untergebene, Kollegen und »Außenseiter« – Menschen, von denen sie aufgrund der Beschaffenheit ihres Berufes abhängig sind. Bei diesem Beeinflussungsprozeß bedienen sie sich verschiedener direkter und indirekter Methoden, von denen uns die meisten vertraut sind (siehe Abb. 3). Weit weniger bekannt ist jedoch, wie und wann sie gebraucht werden.

Wie schon im vorangegangenen Kapitel konzentrieren wir uns nur darauf, wie Manager sich *tatsächlich* verhalten und nicht, wie sie sich verhalten *sollten.* Zu einem späteren Zeitpunkt befassen wir uns dann mit den Konsequenzen ihres Handelns.

Abb. 3: Beeinflussungsmethoden

Direkte Methoden	Was sie beeinflussen können
Ausübung von Macht in einer Beziehung, basierend auf – einer Verpflichtung	Verhaltensweisen in spezifischen Bereichen, wobei der andere den Eingriff im Hinblick auf sein Gefühl der Verpflichtung als legitim empfindet
– beruflicher Anerkennung	Einstellungen und Verhaltensmuster auf fachlicher Ebene
– Identifikation mit dem Manager	Einstellungen und Verhaltensmuster, die sich nicht mit den Idealvorstellungen, die der Identifikation zugrunde liegen, konfliktieren.
– Abhängigkeitsvorstellungen	Ein breites Verhaltensspektrum, das überwacht werden kann.
Ausübung von Zwang durch empfundene Abhängigkeit	Ein extrem breites Verhaltensspektrum, das problemlos überwacht werden kann.
Einsatz von Informationen, um andere zu überzeugen	Ein breites Einstellungs- und Verhaltensspektrum.
Der Einsatz von Ressourcen, um die Kooperationsbereitschaft zu sichern.	Ein breites Verhaltensspektrum, das überwacht werden kann.
Eine Kombination dieser Methoden.	Abhängig von der jeweiligen Kombination der Methoden.
Indirekte Methoden	
Veränderung des Umfeldes der anderen mit Hilfe einer oder mehrerer der hier genannten Methoden	Ein breites Einstellungs- und Verhaltensspektrum.
Veränderung der Kräfte, die ständig auf die anderen einwirken: – formale Unternehmensstrukturen – informeller sozialer Kontext – Technologie – verfügbare Ressourcen – Darlegung der Unternehmensziele	Langfristig ein breites Einstellungs- und Verhaltensspektrum.

Vorteile	Nachteile
Schnell wirksam. Der Einsatz materieller Ressourcen erübrigt sich.	Wenn die Forderung nicht annehmbar ist, versagt diese Methode; ist sie zu ausgefallen, wird sie unter Umständen als illegitim empfunden.
Schnell wirksam. Der Einsatz materieller Ressourcen erübrigt sich.	Ist die Forderung nicht akzeptabel, versagt diese Methode; ist sie zu ausgefallen, wird sie unter Umständen als illegitim empfunden.
Schnell wirksam. Der Einsatz materieller Ressourcen erübrigt sich.	Beschränkt auf Beeinflussungsversuche, die nicht mit den Idealvorstellungen, die einem Identifikationsbedürfnis zugrunde liegen, konfliktieren.
Schnell wirksam. Hat häufig dann Erfolg, wenn andere Methoden versagen.	Wiederholte Beeinflussungsversuche ermutigen den anderen dazu, seinerseits Macht über den, der Einfluß nehmen will, zu gewinnen.
Schnell wirksam. Hat häufig dann Erfolg, wenn andere Methoden versagen.	Kann Vergeltungsgedanken wecken. Sehr riskant. Es ist fraglich, ob der andere den Zwang toleriert.
Kann zu einer internalisierten Motivation, die nicht überwacht werden muß, beitragen. Erfordert nicht den Einsatz von Macht oder knapper materieller Ressourcen.	Kann sehr zeitraubend sein. Erfordert, daß der andere zuhört.
Kann dann Erfolg haben, wenn der Machtgebrauch oder Einflußnahme durch Überzeugung nicht angeraten oder realisierbar sind.	Kann einen zu großen Einsatz erfordern. Wird von anderen oft als illegitim empfunden.
Kann wirkungsvoller und weniger riskant als eine spezifische Methode sein.	Erweist sich als mühsamer als die Anwendung einer spezifischen Methode.
Kann Erfolg haben, wenn direkte Methoden versagen.	Kann zeitaufwendig sein. Implementierung schwierig. Sehr riskant, insbesondere bei häufiger Anwendung.
Verspricht eine kontinuierliche, nicht nur eine einmalige Wirkung. Kann von besonderer Bedeutung sein.	Erfordert oft massive Beeinflussung, um sein Ziel zu erreichen.

63

Direkte Beeinflussung
Die Macht in zwischenmenschlichen
Beziehungen nutzen

Wenn in einer zwischenmenschlichen Beziehung ein Machtverhältnis besteht und der Manager seine Natur und Stärke richtig einschätzt, kann er auf andere direkt Einfluß nehmen (im persönlichen Gespräch oder per Telefon), ohne viel mehr zu tun als eine präzise Forderung zu stellen oder eine Anweisung zu erteilen. Der größte Vorteil dieser Methode ist der Zeitfaktor. Jemanden *schnell* zu beeinflussen kann für den Manager, der oft unter Zeitdruck steht, außerordentlich wichtig sein. Deshalb wird diese Methode häufig in komplexen modernen Unternehmen angewandt. Zum Beispiel:

– Jones weiß, daß Smith sich ihm wegen einiger Gefälligkeiten, die er ihm erwiesen hat, verpflichtet fühlt. Er glaubt, daß die Forderung, ein Projekt um einige Tage zu beschleunigen, Smith im Hinblick auf den Gefallen, den er ihm schuldet, durchaus legitim erscheint. Deshalb ruft Jones Smith einfach zu sich und trägt seine Bitte vor. Smith überlegt nur eine Sekunde lang und stimmt zu.

– Manager Johnson hat Macht über Baker, weil dieser glaubt, von ihm abhängig zu sein. Als Johnson Baker sagt, daß er innerhalb von 24 Stunden einen Bericht von ihm braucht, wägt Baker ab, ob er der Aufforderung Folge leisten, sich weigern oder sich an höherer Stelle beschweren soll. Er gelangt zu der Ansicht, daß Kooperation die am wenigsten aufwendige Lösung ist und sichert Johnson den Bericht zu.

– Der junge Porter identifiziert sich stark mit Marquette, einem älteren Manager, der nicht zu seinen unmittelbaren Vorgesetzten gehört. Für Porter ist Marquette der Inbegriff der idealen Führungspersönlichkeit und er versucht, ihm nachzueifern. Als Marquette ihn bittet, an einem besonderen Projekt, »das sehr wichtig für die Konkurrenzfähigkeit unseres Unternehmens sein könnte«, mitzuarbeiten, nimmt Porter ohne zu zögern den Vorschlag an und opfert fünfzehn Stunden pro Woche zusätzlich, um das Projekt erfolgreich zum Abschluß zu bringen.

Jede Art von Macht, die auf einem Beziehungsgeflecht beruht, hat verschiedene Vor- und Nachteile. Zum Beispiel läßt sich Macht, die aufgrund fachlicher Anerkennung oder des Identifikationsbedürfnisses mit dem Manager erworben wurde, einsetzen, um sowohl das spontane Verhalten als auch langfristig bestimmte Einstellungen zu beeinflussen. Einstellungen durch die Ausnutzung von Abhängigkeitsgefühlen zu verändern ist schwierig, hat aber eindeutig den Vorteil, daß ein weit größeres Verhaltensspektrum als mit Hilfe anderer Methoden modifiziert werden kann. Der Einfluß, der auf eine gewisse Fachkompetenz zurückzuführen ist, beschränkt sich auf Einstellungen und Verhaltensweisen, die innerhalb dieses Fachbereiches relevant sind. Ein

Gefühl für diese und andere Nuancen ist für den erfolgreichen Machtgebrauch unerläßlich.

Ein ungewöhnlich sensitiver, interessierter und integrer Manager beschrieb seine zwischenmenschlichen Beziehungen und die daraus resultierende Macht folgendermaßen:

»Ich habe zu den meisten Menschen, mit denen ich zusammenarbeite, engen Kontakt. Diese Beziehungen sind für mich eine Quelle der Macht, aber keine Garantie für mein Einflußvermögen. Man muß jede Beziehung und jeden Menschen richtig einschätzen können, um seine Macht effektiv zu nutzen . . . Mein Einfluß auf Phil George basiert zum Beispiel in erster Linie auf dem Respekt, den er vor meinen Marketingfähigkeiten (berufliche Anerkennung) hat. Deshalb konnte ich ihm auch vorschlagen, die Termine in seinem Kalender in den nächsten drei Tagen zu streichen und stattdessen den Marketingteil seines Projektplanes noch einmal zu überdenken, und ich bin ziemlich sicher, daß er sich daran halten wird. Aber wenn ich ihn auffordern würde, sich ganz auf den Produktionsplan zu konzentrieren, gäbe es Probleme. Er wäre über meinen Vorschlag bestimmt überrascht und empört.«

Aber es gab auch andere Beziehungen, die ihm unterschiedliche Beeinflussungsmöglichkeiten boten. »Dan Salerno hat zum Beispiel erkannt, daß ich ihm das Leben hier leichter oder schwer machen kann (Abhängigkeitsgefühl). Wenn ich Dan heute bitten würde, mein Auto zu polieren, würde er dieser Bitte wahrscheinlich sofort nachkommen. Wenn ich ihn allerdings auffordern würde, ein paar Tage lang etwas Bestimmtes zu überdenken – irgendeinen Aspekt des Marketingprogramms zum Beispiel –, würde er sicher auch zustimmen, sich aber nicht daran halten, sondern höchstens antworten, er hätte darüber nachgedacht und danke für den guten Rat.«

Die Nachteile, die mit dem Gebrauch der Macht, die sich auf ein Abhängigkeitsgefühl stützt, verbunden sind, sollten unbedingt berücksichtigt werden. Jemand, der auf das Lob eines Managers (oder das Fehlen von Strafe) angewiesen ist, stimmt, wenn dieser eine Bitte äußert, vielleicht ohne zu zögern zu, erfüllt sie aber nicht, insbesondere dann, wenn nicht so leicht nachgeprüft werden kann, ob er ihr Folge geleistet hat oder nicht. Wiederholte Beeinflussungsversuche, die auf Abhängigkeitsgefühlen basieren, scheinen auch den Unterlegenen zu ermutigen, ein gewisses Ausmaß an Macht als Ausgleich zu der des Managers zu erwerben. Und, was vielleicht noch wichtiger ist, diese Art von Zwang kann sich als sehr gefährlich erweisen, weil sie oft Rachegedanken weckt.

Im Fall Tim Babcock, der, wie in Kapitel 3 geschildert, extreme Schritte einleitete, um seine Division auftragsgemäß zu sanieren, hätten die Entwicklung und der Zwangscharakter der von ihm ausgeübten Macht, die durch die Abhängigkeit entstand, eine allgemeine Resignation und den Zusammenbruch des gesamten Unternehmensbereiches nach sich ziehen können. Babcock kannte das Risiko, entschied sich aber dennoch für diesen Schritt,

weil er keinen anderen Weg sah, innerhalb eines so
kurzen Zeitraumes die umfassende Kooperation, die für
eine Umstrukturierung seiner Abteilung notwendig war,
zu erhalten. Ein derartiges Vorgehen ist keineswegs
ungewöhnlich. Der Zeitdruck zwingt viele Manager,
einen gewissen Zwang auszuüben.

Überzeugungskunst und andere Methoden

Ein erfolgreicher Manager spielt nicht nur seine Macht in
einer Beziehung aus, sondern versucht auch, andere
durch die Weitergabe bestimmter Informationen zu
überzeugen oder mit Hilfe verschiedener Ressourcen ihre
Zustimmung zu sichern, beziehungsweise diese oder
andere sinnvolle Methoden zu kombinieren.

Überzeugend wirkt normalerweise derjenige, der über
bestimmte Informationen, die für die Interessen oder
Ziele des anderen wichtig sind, verfügt oder diese einzusetzen versteht. Einem einflußreichen Manager gelingt es
immer wieder, Informationen zu erhalten und weiterzu-
geben, die »Hand und Fuß« haben und zu den von ihm
beabsichtigten Einstellungs- und Verhaltensänderungen
führen.

Ein überzeugend wirkender Manager benutzt seine
Informationen

– um klarzustellen, daß es im Interesse des Angespro-
chenen liegt, sich für einen bestimmten Aktionskurs (den

vom Manager gewünschten) zu entscheiden und auf Alternativen zu verzichten;

– um andere zu motivieren (in der vom Manager geplanten Richtung), indem er ihnen vor Augen hält, daß sie ihre Ziele verwirklichen können, wenn sie wollen, oder daß ihr Beitrag zu einer Aufgabe, an die sie glauben, wichtig ist;

– um zu demonstrieren, wie sie ein Ziel, das sie (und der Manager) vor Augen haben, realisieren können.

Die Kunst, andere zu überzeugen, ist deshalb ein so wichtiges Beeinflussungsinstrument, weil es auf ein breites Einstellungs- und Verhaltensspektrum einwirkt und zu einer verinnerlichten Motivation beiträgt, die nicht weiter überwacht oder erneuert werden muß. Aber die Methode der Überzeugung hat auch Nachteile, die bisweilen, besonders von Leuten mit umfangreicher formaler Ausbildung, übersehen werden: Überzeugung ist nämlich ein sehr zeitraubendes Verfahren und außerdem wenig erfolgversprechend bei Menschen, die nicht bereit sind, zuzuhören. »Der Leiter unserer Forschungs- und Entwicklungsabteilung kann seine Mitarbeiter die Hälfte der Zeit nicht überzeugen«, berichtete ein Produktionsleiter, »er versucht immer, ihnen mit Logik beizukommen. Manchmal glaube ich, wenn uns ein Löwe angreifen sollte, würde er mit Sicherheit versuchen, ihm seine Beute auszureden.«

Wenn Überzeugungskunst und andere Methoden versagen, kann der Einsatz von Ressourcen erfolgreich sein.

»Als wir im mittleren Westen eine Zeitung gekauft haben«, berichtet ein Unternehmensvorstand, »hat man uns gesagt, daß es unmöglich sei, die Gewerkschaft von der Notwendigkeit, gewisse Veränderungen einzuführen, zu überzeugen, um ökonomisch arbeiten zu können und konkurrenzfähig zu bleiben. Wir haben es trotzdem geschafft. Dazu brauchten wir allerdings eine Menge Geld: Jeder Gewerkschaftler hat eine einmalige Zahlung erhalten. Alle haben uns für verrückt erklärt. Aber durch diese Investition von 2 Millionen Dollar und weiteren 2 Millionen Dollar für einen neuen Maschinenpark, konnten wir 75 % der Arbeitsplätze in der Herstellung und über 1 Million Dollar Betriebskosten einsparen. In weniger als vier Jahren hat sich unsere Investition bezahlt gemacht, und wir können mit passablen Gewinnen rechnen.«

Es hat auch Nachteile, die Zustimmung anderer zu »erkaufen«. Diese Methode ist oft zu kostenintensiv oder gilt als illegitim. »Einer von den Managern aus der Computer-Abteilung hat mir zehn kostenlose Stunden am Computer angeboten, wenn ich etwas für ihn tue«, berichtete eine Führungskraft aus dem mittleren Management ungläubig. »Ich hab' ihn aus meinem Büro rausgeworden!«

Meistens wenden Manager mehr als eine der zuvor erwähnten Beeinflussungsmethoden an. Sie wissen, daß eine Kombination verschiedener Techniken viel wirkungsvoller und weniger riskant ist als eine einzelne. Das zeigt auch folgende Aussage: »Einer unserer besten

Manager hat aufgrund verschiedener Ursachen große Macht. Aber er erteilt nur selten Befehle oder Anweisungen, sondern versucht zuerst immer, jemanden zu überzeugen. Durch die Art seiner Beziehung zu anderen bewirkt er, daß diese ihm bereitwillig zuhören und von vornherein geneigt sind, ihm zuzustimmen. Dadurch gelingt es ihm, sie schnell und relativ mühelos zu überzeugen. Er riskiert niemals, andere dadurch zu verärgern oder zu erzürnen, daß er eine aus ihrer Sicht unfaire Bitte äußert und unzumutbare Anordnungen erteilt.«

Diese Kombination aus beziehungsbasierter Macht und Überzeugung ist in unserer heutigen Zeit in den meisten Unternehmen besonders wichtig. Das komplexe, wettbewerbsorientierte Umfeld des Unternehmens erfordert, daß die Arbeit verschiedener Spezialisten so zweckmäßig wie möglich in den Entscheidungsfindungsprozeß integriert wird; deshalb nimmt die Überzeugung eine Schlüsselstellung ein. Gleichzeitig ist es aufgrund des starken Wettbewerbs notwendig, daß der Beeinflussungsprozeß schnell zum Erfolg führt; in dieser Hinsicht kommt der beziehungsbasierten Macht eine Vorrangstellung zu. Eine Kombination dieser beiden Beeinflussungsfaktoren erleichtert es einem Unternehmen, den Anforderungen, die seine Umwelt stellt – nämlich in einem kurzen Zeitraum, wenn nicht blitzschnell, angemessene Entscheidungen zu treffen –, gerecht zu werden.

Indirekte Beeinflussung
Das Umfeld des anderen manipulieren

Ein Manager kann jemanden indirekt beeinflussen, indem er direkt auf andere einwirkt, die ihrerseits auf diese Person Einfluß haben.

Produktmanager Stein brauchte zum Beispiel die Zustimmung des Werksleiters Billings zu einer neuen Produktidee (X), die Billings ablehnte. Stein hatte festgestellt, daß es keine Möglichkeit gab, Billings mit logischen Argumenten zu überzeugen, weil der ihm einfach nicht zuhören wollte. Stein wußte, daß Billings niemals aufgrund einer Gefälligkeit oder einer Vereinbarung ein Produkt befürworten würde, an das er nicht glaubte. Er war auch der Ansicht, daß das Risiko sich nicht lohnte, Billings Zustimmung zu erzwingen. Deshalb ging er folgendermaßen vor:

– Montags brachte Stein Reynolds, einen Mann, den Billings respektierte, dazu, Billings zwei Marktstudien, die für Produkt X sprachen, und eine Kurzmitteilung zu schicken: »Haben Sie das gelesen? Ich fand es sehr interessant. Ich bin mir zwar nicht sicher, ob das alles stimmt, aber trotzdem . . .«

– Am Dienstag rief der Repräsentant eines der größten Kunden der Firma auf Veranlassung von Stein bei Billings an und erwähnte ganz beiläufig, daß er gehört habe, Produkt X würde bald auf den Markt kommen, und das sei wieder mal ein Zeichen dafür, »daß ihr wie immer auf dem neuesten Stand seid!«.

– Mittwochs gelang es Stein, zwei Mitarbeiter der Konstruktionsabteilung vor einem Meeting in Billings Nähe zu »lotsen«, wo sie sich über die günstigen Testergebnisse von Produkt X unterhielten.

– Für Donnerstag setzte Stein eine Besprechung mit Billings an, in der es um Produkt X ging; die übrigen Teilnehmer an der Gesprächsrunde waren nur solche Leute, die Billings mochte oder schätzte, und die Produkt X befürworteten.

– Freitags ging Stein zu Billings und fragte ihn, ob er seine Zustimmung für Produkt X geben würde. Er gab sie.

Dieses komplexe Beispiel enthält viele Manipulationstaktiken, die einflußreiche Manager regelmäßig anwenden. Sie bestimmen die Agenda, das Thema und die Zeit der Meetings, um jemanden zu beeinflussen. Sie suchen sich die Leute, an die sie schriftliche Informationen weitergeben, genau aus. Sie »initiieren« scheinbar spontane Diskussionen und Ereignisse. Und sie wenden sich an Dritte, um auf andere einzuwirken.

Die Manipulation der Umwelt, von Verhalten und Einstellungen kann dann Erfolg haben, wenn andere Beeinflussungsmethoden versagen. Aber sie hat auch einige unübersehbare Nachteile: sie erfordert einen beträchtlichen Aufwand an Zeit und Energie und ist ziemlich risikoreich. Viele Menschen lehnen es ab, andere auf diese Art zu beeinflussen, selbst wenn sie sich – unbewußt – selbst dieser Techniken bedienen. Sie reagieren aggressiv, wenn sie merken, daß jemand versucht (oder versucht hat) sie zu manipulieren. Darüber hinaus verringern Menschen, die in dem Ruf stehen, andere zu manipulieren, ihre Möglichkeiten, auf andere Weise Macht und Einfluß zu gewinnen. Wer legt schon Wert darauf, sich mit einem Manipulator zu identifizieren? Und niemand würde einem Manipulator Glauben schenken, wenn er beteuerte, es käme ihm darauf an, jemanden zu überzeugen! Im Extremfall kann ein Manager, den man der Manipulation verdächtigt, seine Karriere ruinieren.

Umstrukturierung des Umfeldes

Eine zweite Möglichkeit für den Manager, direkt auf jemanden Einfluß zu nehmen, besteht in der sukzessiven Umstrukturierung seines Umfeldes. Er ändert die Arbeitsplatzbeschreibung, die formalen Leistungsbewertungs- und Leistungsanreizsysteme, die Menschen oder andere Ressourcen, die dem einzelnen oder einer Gruppe zur Verfügung stehen, die Struktur, die Normen oder Werte bestimmter Projektgruppen usw. Wenn es dem Manager gelingt, die von ihm beabsichtigten Veränderungen zu bewirken, und diese Veränderungen haben den gewünschten Effekt auf den einzelnen oder eine Gruppe, ist der Erfolg langfristig gesichert.

Um seine Produktmanager zu veranlassen, dem Gewinn größere Aufmerksamkeit als dem Umsatzvolumen zu widmen, leitete ein Marketing-Vizepräsident innerhalb von drei Monaten vier wichtige Maßnahmen ein: Erstens änderte er die Aufgabenstellung der Produktmanager dahingehend, daß der Profit der einzelnen Produktlinien von nun an im Vordergrund stand. Zweitens sollten die Leiter des Rechnungswesens den Gewinn je Produktlinie in die Monatsberichte, die an die Produktmanager gingen, einfügen. Dann überredete er den Vorstandsvorsitzenden, ihn zu ermächtigen, den Produktmanagern, die das Gewinnziel für ihr Segment erreicht hatten, einen jährlichen Bonus von 25 % zu bewilligen. Und schließlich erklärte er den einzelnen und allen Produktmanagern gemeinsam, warum der Gewinn von zentraler Bedeutung für das Unternehmen war.

Die meisten Manager haben erkannt, daß eine Veränderung der im Umfeld eines Menschen relevanten Kräfte großen Einfluß auf sein Verhalten haben kann. Im Gegensatz zu vielen anderen Beeinflussungsmethoden sind bei dieser der Einsatz knapper Ressourcen und wiederholte Versuche überflüssig. Hat der Manager mit seiner Veränderung den gewünschten Erfolg, braucht er sich nicht weiter um sie zu kümmern.

Diese Beeinflussungsmethode wird bis zu einem gewissen Grad von allen Managern angewandt. Viele machen nur selten Gebrauch davon, weil es einfach nicht in ihrer Macht steht, die Kräfte zu ändern, die auf die zu beeinflussende Person einwirken. In vielen Unternehmen kann nur das Topmanagement solche determinierenden Faktoren wie zum Beispiel die formalen Leistungsbewer-

tungs- und -anreizsysteme oder die Struktur modifi-
zieren.

Beeinflussungsmethoden
effektiv anwenden

Die bloße Existenz eines Machtpotentials ist noch keine
Garantie für seine effektive Anwendung. Das beste Bei-
spiel dafür ist wohl der unfähige Erbe eines großen
Konzerns, der zwar über ein beträchtliches Maß an
Macht verfügt, aber nicht in der Lage ist, sie optimal
einzusetzen, um seine Ziele zu erreichen.

Ebenso wie manche Manager beim Erwerb ihrer Macht
geschickter vorgehen als andere, wendet nicht jeder seine
Macht gleich effektiv an. Ich habe beobachtet, daß einflußreichen Managern vier charakteristische Eigenschaften gemein sind:

*1. Sie haben ein besonderes Gefühl für das entwickelt,
was andere als legitimes, machtorientiertes Verhalten bezeichnen.*

Sie haben erkannt, daß die meisten Menschen glauben,
der Machtgebrauch sei mit bestimmten Verpflichtungen
verbunden. Jemand, dessen Macht auf seiner beruflichen
Reputation beruht, hält man normalerweise für einen
Experten auf seinem Gebiet. Sollte jemals bekannt werden, daß das nicht zutrifft, wird er mit Sicherheit als
Betrüger oder wenig vertrauenswürdig gebrandmarkt
und verliert nicht nur seine Machtposition, sondern scha-

det sich auch noch auf andere Weise. Von jemandem, mit dem sich viele Menschen identifizieren, wird erwartet, daß er dem Ideal einer Führerfigur entspricht. Wenn er seine Anhänger enttäuscht, verliert er seine Macht, ihren Respekt und seine Gefolgschaft. Viele Manager, die aufgrund eines Abhängigkeitsgefühls, das ihre Untergebenen als ungerecht empfinden, Macht erworben und ausgeübt haben, mußten entdecken, daß ihre Mitarbeiter plötzlich geschlossen »Front gegen sie machten«.

2. Sie finden intuitiv Mittel und Wege, von ihrer Macht Gebrauch zu machen.

Einflußreiche Manager spüren, welche Art von Macht für die jeweilige Person geeignet ist. Sie haben erkannt, daß sich zum Beispiel informierte und interessierte Mitarbeiter eher überzeugen als durch andere Formen der Macht beeinflussen lassen. Sie beherrschen das gesamte Beeinflussungsinstrumentarium und wissen, welche Vor- und Nachteile seine Anwendung mit sich bringt (siehe Abb. 3). Sie erkennen die spezifischen Gegebenheiten jeder beliebigen Situation und entscheiden sich für die den Umständen am besten angepaßte Technik.

3. Sie neigen dazu, alle in Abb. 3 aufgeführten Methoden zu benutzen.

Während sie normalerweise versuchen, risikoreiche Methoden und solche mit möglicherweise negativen Konsequenzen zu vermeiden, zögern sie, im Gegensatz zu ihren weniger erfolgreichen Kollegen nicht, sie, wenn nötig, anzuwenden. Sie haben keine Bedenken, ihre Machtstellung zu nutzen, denn sie haben, wenn auch vielleicht nur intuitiv, erkannt, daß all diese Methoden notwendig sind, um der mit ihrer Situation gekoppelten Komplexität und Abhängigkeit gewachsen zu sein.

4. Sie wenden diese Methoden bei Vorgesetzten, Untergebenen und Gleichgestellten an.

Wie wir in Kapitel 2 gesehen haben, gehören zu der schwierigen Situation, in der sich der Manager befindet, nicht nur das Autoritätsverhältnis gegenüber Untergebenen, sondern auch die Abhängigkeit von Vorgesetzten und Gleichgestellten (innerhalb wie außerhalb des Unternehmens). Effektive Manager nutzen ihre Macht, um diese verschiedenartigen Beziehungen aktiv zu gestalten. Sie wirken nicht nur auf ihre Untergebenen, sondern auch auf Vorgesetzte, gleichrangige Kollegen und Menschen, die nicht zum Unternehmen gehören, ein. Obwohl die Fachliteratur den hierarchischen Aspekt besonders hervorhebt, scheinen erfolgreiche Manager auch die Bedeutung des Machtgebrauchs in der Beziehung zu Gleich- und Höhergestellten schätzen gelernt zu haben.

Es ist nicht leicht, eine bestimmte Arbeit und das vom Ausführenden dafür notwendige Verhalten zu definieren; es ist besonders schwierig, wenn es sich dabei um Führungsaufgaben handelt, die sich in jedem Unternehmen anders gestalten.[1]
John Campell, Marvin Dunnette, Edward Lawler und Karl Weick

5. Positionsbedingte Unterschiede beim Erwerb und Gebrauch von Macht

Die Anforderungen, die an den Manager in verschiedenen Positionen und verschiedenen Unternehmen gestellt werden, können beträchtlich variieren. Die Unterschiede zwischen einer Führungsposition in der Produktionsabteilung eines großen Herstellerkonzerns und einer Schlüsselstellung bei der strategischen Planung in einer Bank sind vermutlich größer als die Ähnlichkeiten.

Um zu verstehen, wie und warum ein Manager in einer spezifischen Position Macht erwirbt und gebraucht, muß man die Arbeit selbst und die Anforderungen, die sie an

[1] (Managerial Behavior, Performance and Effectiveness, New York: McGraw-Hill, 1970)

die Führungskraft stellt, untersuchen. Dabei ist insbesondere das Ausmaß der situationsbedingten Abhängigkeit von Bedeutung.

Machtorientiertes Verhalten und positionsbedingte Abhängigkeit

Führungspositionen können im Hinblick auf den Grad und das Ausmaß der Abhängigkeit des Managers signifikante Unterschiede aufweisen. Ein Beispiel dafür haben Sie bereits in Kapitel 2 kennengelernt. Ein weiteres ist aus Diagramm 4 ersichtlich; es stellt die positionsbedingte Abhängigkeit eines Werksleiters und des Verwaltungschefs eines Krankenhauses dar. Unserem Werksleiter untersteht ein kleiner Betrieb, der mit leicht erhältlichen Materialien und einer relativ einfachen Technologie ein Standardprodukt für einen großen, stabilen Markt produziert. Er ist von seinen Untergebenen, Lieferanten, Märkten und seinem Chef abhängig. Ohne die Kooperation seiner Mitarbeiter könnte er die mit seiner Aufgabe verbundenen Ziele nicht erreichen. Er ist nicht auf einen einzelnen Zulieferer angewiesen, weil es viele Alternativen gibt. Da der Markt als groß und stabil gilt, ist er auch nicht von einem einzelnen Kunden oder einer Kundengruppe abhängig, genauso wenig wie von einem einzigen Konkurrenten oder einer Gruppe von Konkurrenzunternehmen. Es ist natürlich von essentieller Bedeutung für ihn, daß seine Untergebenen gute Arbeit leisten, aber aufgrund der einfachen Technologie und der überschaubaren Größe des Betriebes kann er für die meisten seiner Mitarbeiter leicht Ersatz finden oder im Notfall »selber einspringen«. Wegen der Beschaffenheit des Marktes und des Produktes ist er im Grunde nicht auf die Zusammenarbeit mit anderen Unternehmensangehörigen, mit Ausnahme seines Chefs, angewiesen.

Der Chef der Krankenhausverwaltung befindet sich, wie aus Abb. 4 zu ersehen, in einer völlig anderen Situation. Er hat eine leitende Stellung in einem großen öffentlichen Krankenhaus und ist abhängig a) vom Bürgermeister, der das Budget des Hospitals bewilligt und in der Öffentlichkeit unterstützt, und, so hofft Kendall, nicht für jeden, dem er einen Gefallen schuldet, einen Arbeitsplatz im Krankenhaus fordert; b) von verschiedenen Stellen innerhalb der Stadtverwaltung, die bestimmte Dienstleistungen, wie zum Beispiel An- und Neubauten genehmigen; c) von einem Dutzend oder mehr Arbeitnehmerverbänden, die zu einem Streik oder einer Arbeitsniederlegung aufrufen könnten; d) von den Ämtern, zum Beispiel dem Arbeitsamt, die darüber entscheiden, ob es für ihn leicht oder schwer ist, geeignete Arbeitskräfte zu finden; e) vom Stadtrat, der Anhörungsverfahren einleiten kann, die den Manager viel Zeit und Nerven kosten; f) von zwei Aufsichtsbehörden, die über die Existenz des Krankenhauses entscheiden; g) von den Ministerien, die den Aktionsradius des Hospitals auf mehrere Arten beschränken können; h) von der angegliederten medizinischen Lehranstalt, die das Krankenhaus mit Ärzten versorgt; i) von der Presse, die das Krankenhaus in Mißkredit und den Bürgermeister einschalten kann; j) von den Bundesbehörden, die das Hospital mitfinanzieren und Einfluß auf bestimmte Aktivitäten haben; k) von anderen Krankenhäusern der Stadt, deren Maßnahmen für »unser« Hospital positive oder negative Folgen haben können; l) von regionalen Interessengruppen, die, wenn sie organisiert sind, auf die Aktivitäten des Krankenhauses durch die Medien, den Bürgermeister und den Stadtrat Einfluß nehmen können und m) von weiteren Faktoren.

Wenn man Manager Hall und Kendall miteinander vergleicht, stellt man fest, daß beide die in diesem Buch beschriebenen Methoden anwenden, um die Menschen, von denen sie abhängig sind, zu beeinflussen und ihre Mitarbeit zu sichern. Aber während Hall 80 bis 90 % seiner Zeit mit dem Erwerb und Erhalt seiner Macht verbringt, sind es bei Kendall nur 25 bis 30 %. Den Rest seiner Zeit widmet Kendall einer Reihe von Aufgaben, die weniger direkt auf den Machterwerb oder -gebrauch ausgerichtet sind: Er prüft und ändert die täglichen, wöchentlichen und monatlichen Produktionspläne, spricht mit den Repräsentanten von Zulieferfirmen und beantwortet technische Fragen seines Werkmeisters aus der Instandsetzungsabteilung.

Ich habe festgestellt, daß folgendes Verhaltensmuster in den verschiedensten Führungspositionen relevant war: *Je größer der positionsbedingte Grad der Abhängigkeit, desto mehr Zeit und Mühe verwendete der Manager auf*

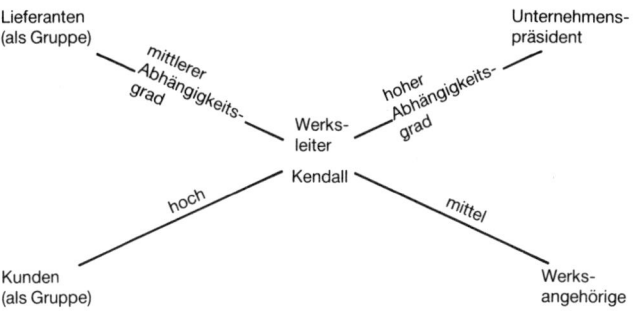

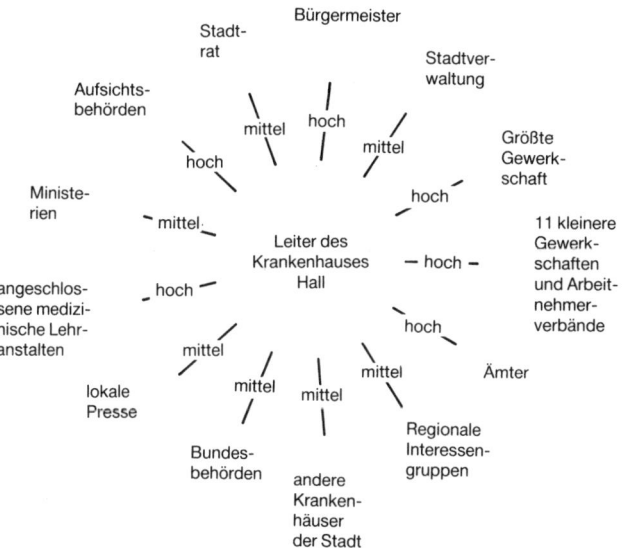

Abb. 4: Positionsbedingte Abhängigkeit in zwei Management-bereichen

machtorientierte Verhaltensweisen, um seine Abhängigkeit zu reduzieren.

Ein hoher Abhängigkeitsgrad erfordert den Erwerb und Einsatz zusätzlicher Macht. Aber Machterwerb und -gebrauch sind sehr zeitraubend. Deshalb neigen erfolgreiche Manager dazu, mit wachsender positionsbedingter Abhängigkeit auch das Ausmaß an Zeit und Mühe, das in effektives, machtorientiertes Verhalten investiert wird, zu vergrößern.

Darüber hinaus scheint auch die *Art* des machtorientierten Verhaltens, der situationsbedingten Abhängigkeit entsprechend, zu variieren. Zum Beispiel entwickelt und gebraucht Manager Hall häufiger das gesamte Macht- und Beeinflussungsrepertoire als Werksleiter Kendall. Kendall versucht nur selten, seine Macht durch den Einsatz bestimmter Ressourcen zu erweitern, wie beispielsweise mit Hilfe eines großen Büros, privater Gefälligkeiten oder dadurch, daß er ein bestimmtes Image von sich fördert. Ihm liegt auch nicht daran, seine Mitarbeiter aufgrund des von ihnen empfundenen Abhängigkeitsgefühls zu beeinflussen oder ihr Umfeld bewußt zu manipulieren.

Hall bedient sich im Gegensatz dazu weit häufiger dieser von der Gesellschaft weniger geschätzten und riskanteren Methoden. Im Laufe einer typischen Arbeitswoche beeinflußt er vielleicht doppelt so viele Menschen durch Überzeugung und zehnmal mehr durch Zwang wie Kendall. Er verwendet möglicherweise zweimal soviel Zeit darauf, sein berufliches Ansehen zu stärken und fünfzehnmal mehr als Kendall, um anderen persönliche Gefälligkeiten zu erweisen und dadurch in ihnen ein Gefühl der Verpflichtung zu wecken.

Dieses Verhaltensmuster zieht sich wie ein roter Faden quer durch die verschiedensten Managementpositionen. Je mehr die positionsbedingte Abhängigkeit wächst, desto häufiger entscheidet sich der Manager für die »negativen« und riskanteren Varianten des machtorientierten Verhaltens.

Als Reaktion auf die situationsbedingte Abhängigkeit neigt er dazu, sich soweit wie möglich »positiver«, weniger risikoreicher Methoden des Machterwerbs zu bedienen, und nur wenn nötig zu anderen zu greifen. Ist die positionsbedingte Abhängigkeit relativ gering, kann er unter Umständen mit dieser Abhängigkeit ohne Zwang, Manipulation usw. fertigwerden. Aber sobald die positionsbedingte Abhängigkeit zunimmt, scheinen die akzeptableren Methoden allgemein weniger dazu beizutragen, eine äußerst komplexe, herausfordernde und schwierige Situation zu meistern.

Die folgenden Beschreibungen einiger typischer Probleme, mit denen Hall und Kendall konfrontiert werden, verdeutlichen dieses Verhaltensmuster noch einmal. Kendall meint dazu:

»Das größte Problem, das ich in letzter Zeit hatte, war eine defekte Maschine. Aber ich glaube, wir haben es ganz gut in den Griff bekommen. Sobald mein Werkmeister aus der Instandsetzungsabteilung festgestellt hatte, daß er den Schaden ohne X, Y oder Z zu machen, nicht beheben konnte, wurde ich benachrichtigt. Ich sah mir die Maschine an, sprach mit dem Werkmeister und rief dann meinen Einkaufsleiter, den Lagerverwalter, den Projektleiter und zwei Leute aus der Wartung zu einer Besprechung zusammen. In einer halben Stunde hatten wir eine Reihe von Lösungsmöglichkeiten für unser Problem gefunden und die Auswirkungen jeder einzelnen Alternative abgewogen. Ich habe mich für den meiner Ansicht nach besten Weg entschieden, und die anderen haben mir zugestimmt. Dann habe ich eine Liste von all den Dingen, die getan werden mußten, aufgestellt und jedem eine Kopie davon gegeben. Achtzehn Stunden später war die Maschine wieder voll einsatzfähig.«

»Als ich hier anfing, wäre die ganze Sache sicher nicht so abgelaufen; wir hätten das Problem weit weniger effektiv und langsamer gelöst. Ich habe seither daran gearbeitet, mir ein Team ›heranzuziehen‹, das mein Urteil, was die Herstellung betrifft, schätzt, und das mich als fähige Führungskraft und rechtmäßigen Chef akzeptiert. Seither sind unsere Problemlösungsprozesse verhältnismäßig einfach.«

Vergleichen Sie dieses typische Problem und Kendalls Problemlösung mit Halls Situation:

»Typische Probleme? Nun, lassen Sie mich erzählen, was heute morgen passiert ist. Auf dem Weg vom Parkplatz hat mich der Vorsitzende einer unserer lokalen Arbeitnehmerverbände angesprochen. Er hatte offensichtlich auf mich gewartet, und wollte von mir wissen, was das Krankenhaus gegen die ›unhaltbaren Zustände‹

in einem unserer älteren Gebäude zu tun gedenke. Ich erklärte ihm, daß die Modernisierung von Teilen des Gebäudes Thema unserer nächsten Budgetsitzung sei, und daß ich befürworten wolle, 25 000 Dollar dafür zur Verfügung zu stellen. Mit schriller Stimme antwortete er mir, daß er nicht weitere sechs Monate darauf warten könne, und er drohte mir vage, etwas an die Presse durchsickern zu lassen.«

»Das alles passierte, während wir zum Krankenhaus gingen. An diesem Punkt waren wir innerhalb des Haupttraktes und ca. 10 m von meinem Büro entfernt. Deshalb ging ich ruhig weiter und sagte nichts. Er folgt mir in mein Büro. Ich zog meinen Mantel aus und sah ihn kalt an. Er stand neben der offenen Bürotür, ich ging zu ihm, sah ihm direkt in die Augen und stieß mit der linken Hand die Tür zu. Es gab einen ungeheuren Knall, denn die Tür ist groß. Er sprang zur Seite. Ich zuckte nicht mit der Wimper. Dann begann ich langsam und eindringlich zu reden. Ich zählte ihm über 20 Probleme auf, mit denen sich das Krankenhaus zur Zeit herumschlagen muß. Dann wies ich auf meinen Schreibtisch, auf dem ein riesiger Aktenberg lag. Ich machte ihm klar, daß ich versuchen würde, mich so schnell wie möglich durch diesen Stoß durchzuarbeiten. Und dann, na ja, kam eine ganz eindeutige Drohung von mir, die seine Drohung von vorher lächerlich erscheinen ließ. Er stand da mit offenem Mund.«

»Ich ging an die Gegensprechanlage und bat meine Sekretärin, mir meinen Terminkalender für den heutigen

Tag vorzulesen. Dann wandte ich mich ihm zu, legte meine Hand auf seine Schulter, schaute ihn ein wenig freundlicher an und sagte in etwa: ›Schauen Sie, wir beide sind an diesem Haus und den Angestellten interessiert. Unser Budget kann einen manchmal wirklich verrückt machen. Aber wir sollten nicht den Kopf verlieren. Ich werde mein Bestes tun, das verspreche ich Ihnen.‹ Ich sagte ihm dann noch, daß ich es schätzen würde, wenn er seinen Leuten meine Situation und was mit dem Gebäude geschehen würde, erklären könne. Ich wies ihn auch darauf hin, wenn er oder jemand anders neue Geldquellen für die Modernisierung des Gebäudes entdecken würde, könnte meine Buchhaltung Finanzierungsvorschläge ausarbeiten. Er nickte und sah ein wenig betreten aus. Er entschuldigte sich für die Bemerkung mit der Presse und verließ mein Büro mit dem Versprechen, mit seinen Leuten zu reden, wir gaben uns zum Abschied die Hand.«

»Ich hatte noch einen anderen Höhepunkt heute morgen. Um 11 Uhr war eine Besprechung angesetzt, bei der es um die Anschaffung eines neuen Gerätes für eines unserer Labors geht. Das Problem besteht in diesem Fall darin, daß eine ganze Reihe von Leuten diese Anschaffung genehmigen müssen. Und bevor jemand unterschreibt, will er etwas im Austausch dafür. Es ist unglaublich! Das Gesundheitsministerium macht uns zum Beispiel zur Auflage, eine neue Versorgungsleistung anzubieten und dafür zwei andere fallen zu lassen. Das ist wohl schon unser zwanzigsten Meeting, bei dem dieses

Problem im Vordergrund steht, und jedesmal wird der Laborleiter spätestens nach 15 Minuten hysterisch wegen der verlorenen Chancen, die Forschungsarbeit und die medizinische Versorgung der Patienten zu verbessern. Also müssen wir pausieren und ihn beruhigen. Das heutige Meeting endete wie gewöhnlich damit, daß jeder versprach, innerhalb der nächsten zwei Wochen bestimmte Dinge zu erledigen. Aber die meiste Arbeit bleibt an mir hängen. Ich habe zum Beispiel zugesagt, mich mit dem Gesundheitsministerium zu arrangieren, so daß wenigstens sie ihre Zustimmung geben. Und ich habe versprochen, notfalls mit Gewalt einige Unterschriften im Haus zu bekommen.«

»Manche Tage sind natürlich viel ruhiger. Aber manche sind noch wesentlich schlimmer.«

Die Beziehung zwischen machtorientiertem Verhalten und positionsbedingter Abhängigkeit ist deshalb so wichtig, weil sich die meisten Manager nicht bewußt sind, wie sehr sich Grad und Art des machtorientierten Verhaltens unter verschiedenen Umständen ändern müssen. Und dieses mangelnde Verständnis kann zu erheblichen Problemen mit dem beruflichen Aufstieg führen, besonders dann, wenn jemand den Arbeitsplatz wechselt oder in eine Position aufsteigt, die auf den ersten Blick sich nicht wesentlich von der früheren unterscheidet, aber in weit größerem Maße Abhängigkeiten beinhaltet.

In Kapitel 7 werde ich noch einmal auf dieses Karriereproblem eingehen. Aber zunächst müssen wir uns intensiver mit der kritischen situationsabhängigen Variablen beschäftigen, die machtorientiertes Verhalten und Erfolg als Führungkraft miteinander verbindet.

Variationen in der positionsbedingten Abhängigkeit

Das Abhängigkeitsmuster, das in Führungspositionen enthalten ist, variiert innerhalb des Unternehmens und quer durch alle Firmen, wobei allerdings einige Faktoren prognostizierbar und unmittelbar mit dieser Variation verbunden sind.

Innerhalb des Unternehmens

Innerhalb eines Unternehmens ist der Grad der positionsbedingten Abhängigkeit in den meisten Fällen mit folgenden Faktoren verbunden:

1. Aufgaben. Je mehr Aufgaben zu einer Tätigkeit gehören, desto stärker ist der Ausführende auf die Mit- und Zusammenarbeit anderer angewiesen und desto größer ist seine Abhängigkeit.

2. *Direkte und indirekte Untergebene.* Je mehr direkte und indirekte Untergebene ein Manager hat, und je größer die Schwierigkeit, diese zu ersetzen oder ihre Arbeit zu übernehmen, desto größer ist die positionsbedingte Abhängigkeit.

3. *Selbständigkeit.* Je weniger selbständig ein Manager seine Aufgaben bewältigen kann, je stärker seine Arbeit in Zusammenhang mit anderen Arbeitsplätzen oder

Abteilungen steht, desto größer ist die positionsbedingte Abhängigkeit.

4. *Vorgesetzte.* Je mehr Vorgesetzte mit Weisungsbefugnis ein Manager hat, desto größer ist seine positionsbedingte Abhängigkeit. Aufgrund von Faktor 1 und 2 nimmt die Abhängigkeit, je höher jemand in der Management-Hierarchie aufsteigt, zu. Ein Topmanager kann in bescheidenem oder hohem Maße von Untergebenen, den Untergebenen von Untergebenen, Kollegen, Lieferanten oder Kunden und anderen abhängig sein. Wegen des 3. Faktors hat jedoch auch ein rangniedrigerer Manager, der nur wenige Untergebene hat, mit einer beträchtlichen Abhängigkeit zu kämpfen. Zum Beispiel kann ein Topmanager, der in erster Linie koordinierende Aufgaben hat, von all denen abhängig sein, die er koordinieren soll. Im Extremfall kann es sich dabei um ein Dutzend Menschen oder Abteilungen handeln. Und der 4. Faktor ist dafür verantwortlich, daß manche Führungskräfte aus dem mittleren Management im gleichen oder noch größeren Maße abhängig sind als Spitzenmanager. Führungskräfte im oberen Bereich des mittleren Managements haben oft Untergebene, die Untergebenen von Untergebenen, Kollegen und Außenseiter, um die sie sich kümmern müssen – genauso wie Topmanager. Aber anders als die Gruppe an der Unternehmensspitze haben sie Vorgesetzte, von denen sie abhängig sind.

Aufgrund von Faktor 1 und 2 sind Linienmanager abhängiger als Stabsmanager. Der Linienmanager hat, im Gegensatz zum Stabsmanager, oft Basisaufgaben zu bewältigen, die ihn von anderen abhängig machen, und manchmal hunderte von Untergebenen dazu.

Firmenübergreifend

Die positionsbedingte Abhängigkeit kann auch bei ähnlichen Positionen in verschiedenen Unternehmen variieren. In Halls Krankenhaus enthält die durchschnittliche Führungsposition wesentlich mehr Abhängigkeit als in Kendalls Fabrik. Aufgrund meiner Beobachtungen kann ich sagen, daß folgende Faktoren in bezug zum durchschnittlichen Abhängigkeitsgrad in allen Führungspositionen eines Unternehmens stehen:

1. *Unternehmensgröße.* Im allgemeinen gilt, je größer ein Unternehmen, je größer die Arbeitsteilung, desto mehr ist der Durchschnittsmanager von anderen Fachleuten und Unterstützung abhängig.
2. *Umweltbedingte Abhängigkeiten.* Die Abhängigkeit eines Unternehmens von Gewerkschaften, Lieferanten, Behörden, Kunden und Konkurrenten überträgt sich auch auf die Manager, die damit zurechtkommen müssen. Je größer der Umfang dieser umweltbedingten Abhängigkeit, desto größer ist auch die Abhängigkeit des Durchschnittsmanagers.
3. *Umweltbedingte Ungewißheit.* Je ungewisser die Umwelt eines Unternehmens, desto seltener gelingt es dem Manager, genaue Vorstellungen von dieser Umwelt

zu entwickeln (die auf Erfahrungsmustern basieren) und desto mehr ist er auf andere angewiesen – besonders auf diejenigen, die die Umwelt überwachen.

4. *Unternehmensziele.* Je ehrgeiziger die Unternehmensziele, desto effizienter muß das betreffende Unternehmen seine Aktionen koordinieren, um diese Ziele zu erreichen. Ein stärkeres Koordinationsbedürfnis erhöht seinerseits die wechselseitige Abhängigkeit der verschiedenen Unternehmensbereiche und somit auch die Abhängigkeit des Durchschnittsmanagers.

5. *Knappheit der Ressourcen.* Je knapper die Ressourcen eines Unternehmens (aufgrund unzureichenden Wachstums, geringer Profitabilität oder mangelnden Betriebskapitals) desto stärker sind die Manager gezwungen, um die vorhandenen Ressourcen miteinander zu kämpfen, und desto größer ist ihre gegenseitige Abhängigkeit.

6. *Technologie.* Je komplexer und ausgereifter die im Unternehmen verwendete Technologie, je größer sind auch die Arbeitsteilung und Spezialisierung, die ein stärkeres Bedürfnis, diese Spezialgebiete optimal zu koordinieren, auslösen. Das erhöhte Koordinationsbedürfnis verstärkt zwangsläufig die Abhängigkeit des Durchschnittsmanagers.

7. *Die physische Nähe der Unternehmensteile.* Je stärker ein Unternehmen geografisch aufgeteilt ist, desto größer ist der Aktionsspielraum des Managers, der in einer Außenstelle arbeitet. Im umgekehrten Fall ist die Abhängigkeit in einem geografisch »dichteren« Unternehmen größer.

8. *Formale Struktur.* Je breiter die formale Autorität in einem Unternehmen gestreut ist, desto stärker sind Manager von anderen Managern, die nicht ihre Vorgesetzten sind, abhängig.

9. *Leistungsbeurteilung.* Je stärker die Beurteilungssysteme eines Unternehmens klar und eindeutig die individuelle Leistung eines Managers bewerten, desto weniger sind diese Manager hinsichtlich ihrer finanziellen Vergütung und Beförderung von anderen abhängig.

10. *Leistungsanreizsysteme.* Je stärker die formalen Leistungsanreizsysteme Gruppen- anstatt individuelle Leistungen belohnen, desto größer wird die Abhängigkeit des Durchschnittsmanagers.

Aufgrund der Faktoren 1, 2, 3, 5, 8, 9 und 10 sind Manager in öffentlichen Organisationen stärker als Manager in privaten Unternehmen abhängig. Faktoren 2, 3, 6, 8 und 9 bewirken, daß Führungskräfte in komplexeren Industrien abhängiger sind als in weniger komplexen.

Diese Faktoren tragen zu einem weit besseren Verständnis der positionsbedingten Abhängigkeit bei, deren Bezug zum machtorientierten Verhalten bereits an früherer Stelle diskutiert worden ist. Diese Erkenntnisse führen dazu, daß man besser voraussehen kann, ohne vorherige detaillierte Analyse der jeweiligen Führungsposition, in welchem Ausmaß sich ein Manager in einer bestimmten Situation machtorientiert verhalten wird. Zum Beispiel läßt sich dadurch ohne genauere Überprüfung der Arbeitsbedingungen erkennen, daß Kendall sich wesentlich weniger machtorientiert als Hall verhält. (Kendall sind weit weniger Menschen unterstellt; nur wenige von ihnen sind schwer zu ersetzen oder führen Arbeiten aus, die Kendall nicht übernehmen könnte. Außerdem operiert die Fabrik in einer stabileren Umwelt, ist kleiner und in gerigerem Maße von äußeren Elementen, außer natürlich der Zentrale, abhängig, hat eine bedeutend einfachere Technologie, zentralisierte Autorität und ausgefeiltere quantitative Leistungsbewertungssysteme für das Management. All diese Faktoren indizieren, daß für Kendall die situationbedingte Abhängigkeit geringer ist als für Hall.) Außerdem versteht man dadurch besser, warum zwei scheinbar identische Positionen – wie zum Beispiel die von zwei leitenden Führungskräften – verschieden sein können. Kendalls Arbeit könnte zum Beispiel ganz anders aussehen, wenn er in einem größeren Unternehmen angestellt, mit einer viel stärkeren, die Umwelt betreffenden Unsicherheit oder einer komplexeren Technologie konfrontiert wäre.

Andere Möglichkeiten

Der wohl wichtigste Faktor, der in einer engen Beziehung zu den situationsbedingten Unterschieden im Machterwerb und -gebrauch steht, ist die positionsbedingte Abhängigkeit (siehe Abb. 5). Aber das ist nicht die einzige Möglichkeit. Relevant werden auch eine Reihe weiterer Faktoren, wie zum Beispiel Führungsstil, die

Die Position

- Je mehr Aufgaben eine Position umfaßt
- Je mehr direkte oder indirekte Untergebene damit verbunden sind
- Je schwieriger es ist, diese Leute zu ersetzen
- Je weniger autonom Aufgaben durchgeführt werden können
- Je mehr formale Autorität mit der Führungsposition gekoppelt ist

Der Unternehmenskontext

- Je größer das Unternehmen
- Je unsicherer seine Umwelt
- Je größer die Abhängigkeit von der Umwelt
- Je ehrgeiziger die Unternehmensziele
- Je knapper seine Ressourcen
- Je komplexer und ausgereifter seine Technologie
- Je stärker es geografisch konsolidiert ist
- Je stärker die formale Autorität verstreut ist
- Je weniger Systeme die individuelle Leistung klar messen
- Je weniger das Leistungsanreizsystem die individuelle Leistung berücksichtigt

Desto stärker ist die positionsbedingte Abhängigkeit

Das machtorientierte Verhalten einer erfolgreichen Führungskraft

- desto mehr Zeit und Energie werden in machtorientiertes Verhalten investiert
- desto häufiger sind auch die „negativeren", risikoreicheren Formen machtorientierten Verhaltens anzutreffen.

Abb. 5: Beziehungen zwischen machtorientiertem Verhalten eines kompetenten Managers und Schlüsselsituationen

Zahl der Menschen, von denen ein Manager abhängig ist, die Art der im Unternehmen vorhandenen Ressourcen und das vom Management bestimmte Betriebs- oder Arbeitsklima. Wie diese zusätzlichen Faktoren das machtorientierte Verhalten beeinflussen, ist eindeutig. Zum Beispiel wird es einem Manager, der wenig Charisma hat, nicht gelingen, ein Machtpotential dadurch zu erwerben, daß andere sich mit ihm zu identifizieren suchen. Ist er von relativ gut ausgebildeten Experten, die fundiertes Wissen und Fachkenntnisse schätzen, umgeben, wird er sich wahrscheinlich auf seine professionelle Reputation und seine Überzeugungskraft verlassen. Wenn das Unternehmen einige freie Stellen anzubieten hat, wird der Manager nicht nur darauf bauen, daß er bei der Besetzung »ein Wörtchen mitzureden hat«, um Abhängigkeiten und damit Macht zu schaffen.

Der vielleicht wichtigste und subtilste Faktor ist in diesem Zusammenhang wohl die Vorgesetzten des Managers. Sie können das machtgerichtete Verhalten direkt beeinflussen, indem sie bestimmte Handlungen belohnen oder bestrafen. Sie können indirekt auf dieses Verhalten einwirken, indem sie die Faktoren manipulieren, die die positionsbedingte Abhängigkeit schaffen (siehe Abb. 5).

Ihr Verhalten kann dazu beitragen, daß Manager und Unternehmen effektiver arbeiten, oder es löst ernsthafte Probleme aus, wie wir im nächsten Kapital sehen werden.

6. Der Mißbrauch der Macht

Die eigentliche Beziehung zwischen effektivem Management und machtorientiertem Verhalten läßt sich folgendermaßen zusammenfassen: Mit der erhöhten positionsbedingten Abhängigkeit steigt auch das Bedürfnis nach machtorientiertem Verhalten und somit auch nach seinen risikoreicheren Formen. In einer Führungsposition, die durch relativ geringe Abhängigkeit gekennzeichnet ist, kann jemand wenig Erfahrung oder Bereitschaft zeigen, sich machtorientiert zu verhalten, und trotzdem effektiv sein, und zwar aufgrund seiner Intelligenz, seiner Motivation und seiner Kenntnisse der im Unternehmen verwendeten Technologien, Märkte oder Produkte. In Führungspositionen mit großer Abhängigkeit ist es buchstäblich unmöglich, effektiv zu arbeiten, ohne ein bestimmtes Maß an machtorientiertem Verhalten zu zeigen. Mit anderen Worten: In den meisten Führungspositionen führt die Unfähigkeit oder mangelnde Bereitschaft, Macht zu erwerben und zu gebrauchen, zu einem Leistungsdefizit. Man bekommt die Abhängigkeit nicht »in den Griff« und deshalb werden manche Aufgaben gar nicht oder nicht mit dem erhofften Erfolg bewältigt.

Dennoch garantiert machtorientiertes Verhalten allein noch keine guten Leistungen, und zwar aus zwei Gründen: erstens, weil offensichtlich auch andere Verhaltensmuster im Management notwendig sind (wie zum Beispiel fundierte Kenntnisse der Marktforschung) und zweitens, weil machtorientiertes Verhalten zur Reduzierung der positionsbedingten Abhängigkeit bisweilen einen negativen Effekt auf andere Menschen oder Aktivitäten haben und somit dem Unternehmen mehr schaden als nutzen kann.

In den vorhergehenden Kapiteln habe ich das Thema Machtmißbrauch bewußt ausgeklammert – das heißt, den Gebrauch der Macht, der zwar dem einzelnen nutzt, dem Unternehmen an sich aber schadet. In diesem Kapitel möchte ich darauf zu sprechen kommen.

Beispiele für den Mißbrauch der Macht

Manche Manager erreichen ihre Ziele, fügen dem Unternehmen aber mehr Schaden zu als daß sie ihm nutzen. Sie realisieren ihre individuellen Ziele, lassen aber auf ihrem Weg dorthin »verbrannte Erde« zurück. Der Manager eines großen Konzerns soll laut Angaben seiner früheren Mitarbeiter für den Zusammenbruch seiner Division verantwortlich sein. Walt Sofer, der Manager, um den es hier geht, war zwei Jahre lang Divisionsleiter, bevor er in die Hauptgeschäftsstelle befördert wurde. Seit seinem Weggang hat sich die Leistung der Division beträchtlich verschlechtert. Sofers frühere Mitarbeiter, von denen die meisten inzwischen den Arbeitsplatz gewechselt haben, führen den Niedergang auf die Entscheidungen im Personal- und Budgetierungsbereich, die er getroffen und oft gewaltsam durchgesetzt hat, zurück. Zum Beispiel hatte er, um den Profit in den zwei Jahren, in denen er die

Division leitete, zu erhöhen, das Budget für die Wartung des Maschinenparks und die Führungskräfte-Schulung drastisch gesenkt. Als zwei der besten Manager der Division Einspruch gegen diese Allokation der Ressourcen erhoben, feuerte er sie kurzerhand.

Andere Manager reduzieren ihre positionsbedingte Abhängigkeit auf ein Minimum, um sie zu kompensieren, ungeachtet der für das Unternehmen negativen Konsequenzen. George Miller ist dafür ein gutes Beispiel. Er wurde zum Vorsitzenden der Herstellungsabteilung von Folsum Industries ernannt, als John Folsum, der Gründer des Unternehmens, sich ins Privatleben zurückzog. Folsum war kinderlos und sah in Miller einen Sohn. Nach einem Jahr reorganisierte Miller die Spitzenpositionen des Betriebes. Anstelle der sechs Vizepräsidenten, die ihm unterstanden, setzte er nun 22 Angestellte ein, die meisten von ihnen Untergebene dieser Vizepräsidenten. Obwohl das auf lange Sicht zu einem organisatorischen Chaos führen mußte, erreichte er damit, seine Abhängigkeit von seinen zwei Vizepräsidenten (Marketing und Herstellung) zu verringern. Außerdem ließ er alle Ziele, das Unternehmenswachstum und die Profitabilität betreffend, fallen, und setzte sich somit das Ziel, den Status quo zu erhalten, trotz der Tatsache, daß die Firma fast in die roten Zahlen geriet. Auf diese und andere Weise reduzierte er seine positionsbedingte Abhängigkeit bis zu dem Punkt, an dem er mit ihr fertig werden konnte.

Andere Manager mißbrauchen ihre Macht, indem sie

innerhalb des Unternehmens ihr eigenes kleines »Königreich« aufbauen und verteidigen. In einem Unternehmen war zum Beispiel das Verkaufspersonal doppelt so groß wie das in der Branche übliche. Jedem war klar, wie stark die Unternehmensressourcen dadurch beansprucht wurden, aber der Vizepräsident hatte schon seit Jahren seine Domäne erfolgreich gegen Budgetkürzungen verteidigen können.

Viele Manager zeigen, oft in geringerem Umfang oder auf subtilere Art, machtorientiertes Verhalten, das nicht im Interesse ihrer Unternehmen sein dürfte. Divisionsleiter stellen zum Beispiel Spezialisten ein, die für sie arbeiten sollen, so daß sie nicht von den gleichen firmeninternen Fachleuten abhängig sind. Diese Entscheidungen können ein Unternehmen 40 000 bis 250 000 Dollar pro Jahr kosten und ihm im Grunde wenig Nutzen bringen. Führungskräfte aus dem mittleren Management entwickeln manchmal die Gewohnheit, ständig zu Besprechungen mit ihren Untergebenen zu spät zu kommen und somit laufend ihre Zeit zu vergeuden. Andere Manager erlauben ihren Untergebenen, während der Arbeitszeit persönliche Dinge für sie zu erledigen. Und Topmanager, besonders wenn sie mit der Überwachung von Routinefunktionen betraut sind, erzwingen oder ignorieren oft vorsätzlich bestimmte Arbeitsregeln, um Macht über andere zu gewinnen, ungeachtet der negativen Folgen für das Unternehmen.

Einige Beispiele für den Mißbrauch von Macht kennen Sie sicher aus eigener Erfahrung. Daß das bisweilen geschieht, ist nicht zu leugnen. Die Frage ist nur, warum. Warum setzen manche erfolgreiche Manager ihre Macht ein und unterminieren damit die Effektivität ihrer Unternehmen?

Persönliche Integrität

Diskussionen über den Mißbrauch konzentrieren sich im allgemeinen früher oder später auf individuelle Wertvorstellungen und ethisches Verhalten. Unterschiede im Verhalten und den damit verbundenen Konsequenzen werden oft in Zusammenhang mit der individuellen Hemmschwelle gebracht. Viele glauben, daß jemand, dessen Wertvorstellungen und Motivation auf das allgemeine »Wohl« gerichtet sind, weniger anfällig ist, seine Macht zum eigenen Vorteil auf Kosten des Unternehmens oder der sozialen Gemeinschaft zu mißbrauchen.

Es gibt ausreichende Beweise für die Ansicht, daß Wertvorstellungen, ethisches Verhalten und andere persönliche Eigenschaften, die Führungskräfte in ihren Beruf einbringen, wichtige Faktoren für eine Symbiose von machtorientiertem Verhalten und unternehmerischer Effektivität sind. David McClelland hat zum Beispiel festgestellt, daß effektive Manager stark machtorientiert sind, daß sie aber sich einer Macht bedienen, die nicht dem eigenen, sondern dem Vorteil des Unternehmens dient.[1] Wie oft konnten wir schon auf der »politischen Bühne« blinde Ambitionen verfolgen und das Streben nach persönlichem Erfolg, die zum Mißbrauch der Macht beitragen.

Das Wissen um diese und andere Faktoren hat viele Unternehmen seit Jahren veranlaßt, bei der Einstellung und Beförderung von Führungskräften besonderen Wert auf die persönliche Integrität zu legen. Während manche Manager und Firmen die Bedeutung der persönlichen Integrität unterschätzen, nimmt sie bei anderen einen zu großen Stellenwert ein. Oder vielmehr unterschätzen oder übersehen sie die Tatsache, daß andere Faktoren außer der persönlichen Integrität zum Machtmißbrauch führen können. Ich meine, daß andere Faktoren sogar noch stärker für den Machtmißbrauch verantwortlich sind als die persönliche Integrität.

Mißverhältnis zwischen positionsbedingter Abhängigkeit und Machtmotivation

Ich habe festgestellt, daß es Manager mit mittlerer bis hoher Integrität gibt, deren Position eine Machtmotivation verlangt, die sie einfach nicht haben. Ihre Versuche, machtorientiertes Verhalten zu zeigen, um einer Situa-

---

[1] (Siehe auch David McClelland und David Burnham »Power is the Great Motivator«, Harvard Business Review, März-April 1976, S. 100 bis 110.)

tion, ohne zu versagen, gerecht zu werden, resultierten in der Form machtorientierten Verhaltens, die für das Unternehmen negative Folgen hatte. Andere erfolgreichere Manager mißbrauchten ihre Macht in Situationen, die nicht in den Griff zu bekommen waren. Ihre Aufgabenstellung machte sie so abhängig, daß sogar jemand mit außergewöhnlichem Talent zum Machterwerb und -gebrauch Schwierigkeiten gehabt hätte, gute Leistungen zu bringen. In diesen Fällen konzentrierten sich die Betreffenden hauptsächlich auf die Abhängigkeit, die für ihren beruflichen Erfolg wichtig war, und versuchten nicht einmal, die Abhängigkeiten zu meistern, die für die Effektivität ihrer Unternehmen zählten. Auch hier handelte es sich um Manager von mittlerer bis hoher Integrität. Mit anderen Worten, *der Machtmißbrauch wird oft dann relevant, wenn die positionsbedingte Abhängigkeit spürbar größer ist als die Fähigkeit des Machterwerbs, selbst wenn der betreffende Manager zuvor große persönliche Integrität bewiesen hat.*

Der Fall George Miller paßt in dieses Schema. Miller zeigte während seiner gesamten Laufbahn einen hohen Grad an persönlicher Integrität. Aber nach seiner Beförderung zum Divisionsleiter neigte er eindeutig zu machtorientiertem Verhalten, das seiner Firma schadete. Und es ist ebenso eindeutig, daß er sich so verhielt, weil ihm die Situation »über den Kopf wuchs«. Er besaß nicht die Fähigkeiten des Machterwerbs, die notwendig waren, um die mit seiner neuen Tätigkeit verbundene Abhängigkeit zu meistern. Deshalb griff er in seinem Bestreben, die

Situation in den Griff zu bekommen und »oben zu bleiben«, zu Taktiken, die andere als Machtmißbrauch bezeichnen würden.

Auch der Vorarbeiter, der seine Macht mißbraucht, paßt in dieses Schema. Solche Leute rekrutieren sich normalerweise aus Angestellten mit Collegeabschluß oder aus Arbeitern, die befördert wurden. Beiden Gruppen fehlte die Möglichkeit, positives, machtorientiertes Verhalten zu entwickeln. Sie werden dann an einem mit ziemlich hoher Abhängigkeit verbundenen Arbeitsplatz eingesetzt und haben wenig Möglichkeiten, eine Gegenkraft aufzubauen. Aufgrund dieser Zwangslage greifen viele, auch integre Mitarbeiter, zu Verhaltensweisen, die einen Mißbrauch ihrer Macht einschließen.

Führungskräfte im mittleren Management, die ihre Macht dadurch mißbrauchen, daß sie aufstrebenden und ambitionierten Nachwuchskräften ihre Hilfe verweigern, weil sie Angst vor der Konkurrenz haben, oder die zu spät zu Besprechungen kommen, um ihre Untergebenen daran zu erinnern »wer hier der Chef ist«, gehören ebenfalls in diese Kategorie. Sie sind, zumindest was ihr effektives, machtorientiertes Verhalten betrifft, mit Aufgaben betraut, denen sie nicht gerecht werden können. Oft »kleben« sie an ihrer Position, weil sie keine andere Chance für eine Karriere sehen, und mißbrauchen dabei ihre Macht.

Auch Walt Sofer, der zum Vizepräsidenten befördert wurde, ist, wenn auch auf andere Art, ein gutes Beispiel. Sofer war ein äußerst kompetenter Mitarbeiter und für seine Position geeignet. Erst als der Vorstandsvorsitzende und der Präsident des Konzerns ihn unter Druck setzten, kurzfristig die Gewinne zu erhöhen, machten sich die ersten Schwierigkeiten bemerkbar. Beide machten ihm auch indirekt klar, daß ihnen die Konsequenzen gleichgültig waren. Ihrer Aufforderung nachzukommen, ohne seine Macht zu mißbrauchen, war in Sofers Situation unmöglich. Natürlich hätte er von seinem Posten zurücktreten können, anstatt seine »Integrität zu opfern«. Aber in einer solchen Lage ist es für jemanden wie Sofer leicht, sich einzureden, daß er das Richtige für sich selber und sein Unternehmen tut, wenn er bleibt.

Ein ähnlicher Fall, bei dem es um Ron Kaplan geht, zeigt noch deutlicher, daß auch ein integrer Mensch dazu neigt, seine Macht zu mißbrauchen, und nicht zurückzutreten. Kaplan war Leiter einer Niederlassung an der Ostküste und arbeitete für ein ziemlich großes Dienstleistungsunternehmen. Er kannte nur den Erfolg. Er gehörte zu den besten Schülern, hatte eine Wirtschaftsfachschule absolviert und war alle zwei Jahre befördert worden. Nach seinem 34. Geburtstag vertraute man ihm die Leitung der viertgrößten Filiale seines Unternehmens an. Seine Familie und Freunde stellten hohe Erwartungen an ihn, genauso wie Kaplan an sich selbst. Im Juni 1973 hatte er eine Besprechung mit dem Präsidenten seiner Firma, bei der dieser noch einmal hervorhob, wie wichtig es sei, einen bestimmten Klienten nicht zu verlieren. Kaplan fand dieses Ansinnen sehr seltsam, denn dieser Klient war alles andere als ein Großkunde. Er vergaß das Meeting bald. Im September desselben Jahres erhielt er den kleinsten Bonus, den er seit Eintritt in die Firma je bekommen hatte. Zuerst hielt er das Ganze für ein Versehen; im vergangenen Jahr hatte seine Filiale ihren Umsatz um 15 % und ihren Gewinn um 18 % erhöhen können und einige neue Leute eingestellt sowie neue Dienstleistungen angeboten. Nach und nach erfuhr er vom Unternehmenspräsidenten, daß es sich nicht um einen Irrtum handelte – das Topmanagement war enttäuscht, daß man seiner Bitte, sich besonders um einen bestimmten Klienten zu bemühen, nicht Folge geleistet hatte. Der Klient war kurz davor, seine Geschäftsverbindung mit der Firma zu lösen.

Kaplan versuchte, das zu erklären, was für ihn offensichtlich war: daß der Klient für das Unternehmen nicht wichtig war und daß es seiner Filiale mehr schaden als nutzen würde, wenn er der Bitte des Managements nachgekommen wäre. Der Präsident machte ihm unmißverständlich klar, daß er an Kaplans Ausführungen nicht interessiert sei, sondern daran, den Klienten zu behalten.

Kaplans erster Gedanke war, zurückzutreten. Aber je mehr er darüber nachdachte, desto weniger gefiel ihm diese Möglichkeit. Wie sollte er seinen Schritt den anderen erklären? Und was würden seine Vorarbeiter sagen, wenn sie plötzlich einen neuen Chef bekämen? Was würde aus seiner Karriere, wenn sich die Situation zuspitzte? Und was würde aus seiner Familie? Er begann zu überlegen, ob der Präsident hinsichtlich dieses Klienten vielleicht über Informationen verfügte, die er nicht hatte. War er nur stur, unsensibel und wenig loyal? Welchen Schaden würde er denn anrichten, wenn er die Wünsche seiner Vorgesetzten berücksichtigte? Bat er nicht auch seine Untergebenen in manchen Situationen, Dinge zu tun, in denen sie keinen Sinn sehen konnten? Er hatte in diesem Fall seine Anordnungen. Warum zögerte er noch?

Im Oktober 1974 traf Kaplan einige Entscheidungen, die seine und die Aufmerksamkeit seiner Leute von einigen Klienten ab- und auf diesen einen Klienten hinlenkte. Er versuchte dabei stets einen Weg zu finden, der die anderen Aspekte der unternehmerischen Effektivität nicht beeinträchtigte. Aber in vielen Fällen war das nicht möglich. Zum Beispiel ließ er drei Projekte fallen, bei denen es um Mitarbeiterschulung ging, weil er zu beschäftigt war. Er bewilligte ein ungewöhnlich großes Budget für die »Unterhaltung« des Klienten. Als einer seiner Mitarbeiter diese Schritte ernsthaft in Zweifel stellte, sorgte er für seine Versetzung. Kaplan rechtfertigte seine Handlungsweise, indem er vorgab, im besten Interesse seines Unternehmens zu handeln.

George Millers Vorgesetzter, der Präsident von Folsum Industries, war in einer ähnlichen Lage. Er wurde von dem Unternehmensgründer, der nicht mehr aktiv mitarbeitete, aber über 60 % der Aktien verfügte, unter Druck gesetzt, Millers Vorgehen zu akzeptieren und ihn nicht aus seiner Position zu entfernen. Millers Chef versuchte, einen Weg zu finden, sich mit dem Gründer zu einigen, ohne daß Millers Abteilung darunter litt, aber es gelang ihm nicht. Deshalb beschloß er, seine Macht zu benutzen, um den Gründer bei Laune zu halten und Miller zu behalten. Er rechtfertigte seine Entscheidung damit, daß Miller nach seinem Ausscheiden ganz sicher in seiner Position bleiben und die Effektivität des Unternehmens noch mehr unterminieren würde.

Wenn jemand, dessen Integrität größer ist, mit Millers Situation konfrontiert worden wäre, hätte er vielleicht anders gehandelt. Vielleicht wäre er von seinem Posten zurückgetreten oder seinen Vorgesetzten entschiedener gegenübergetreten. Aber man fragt sich unwillkürlich, ob wirklich viele Manager so gehandelt hätten, insbesondere, wenn man in Betracht zieht, wie die Gesellschaft zu »Versagern« steht.

Die Schlüsselrolle des Topmanagements

Die Fälle Miller, Kaplan und Sofer eröffnen uns eine neue Perspektive, die eng mit dem Machtmißbrauch verknüpft ist. *Viele Fälle von Machtmißbrauch im mittleren und unteren Management lassen sich auf Fälle von Machtmißbrauch im Topmanagement des Unternehmens zurückführen.* Das Topmanagement war in Millers, Kaplans und Sofers Fall für die ausweglose Situation verantwortlich. Insbesondere benutzten diese Topmanager ihre Macht, Personalentscheidungen zu treffen oder die mit der Position ihres Untergebenen verbundene Abhängigkeit zu manipulieren, so daß eine spürbare Lücke zwischen den Fähigkeiten des Abhängigen, sich effektiv und machtorientiert zu verhalten und seiner Abhängigkeit entstand. Dieses Verhalten des Topmanagements führte unmittelbar zu den genannten Fällen von Machtmißbrauch. Topmanager scheinen ihre Macht zu mißbrauchen und ihre Untergebenen zum Machtmißbrauch zu veranlassen, weil sie sich in einer ähnlichen Situation wie die Führungskräfte im mittleren und unteren Management befinden. Das heißt, sie verfügen nicht über die notwendigen Fähigkeiten, ihre positionsbedingte Abhängigkeit zu kompensieren oder ihre Abhängigkeit ist nicht zu reduzieren. Die persönliche Integrität ist zwar ein wichtiger Faktor, der dieses Phänomen begreiflich macht, aber letztlich nicht ausreichend.

Walt Sofers Vorgesetzte sahen sich von den Banken direkt und indirekt, durch den Unternehmensvorstand, gezwungen, die Gewinne kurzfristig zu erhöhen. Ihre Bemühungen, dieser Abhängigkeit Herr zu werden, ohne ihre Divisionsleiter unter Druck zu setzen, mißlangen. Deshalb begannen sie, Druck auszuüben. Vielleicht wäre eine andere Gruppe eher in der Lage gewesen, sich machtorientiert zu verhalten, ohne daß es zu funktionsschädigenden Konsequenzen gekommen wäre. Aber auch das ist nicht sicher. Ebenso wenig sinnvoll wäre es wahrscheinlich gewesen, wenn sie zurückgetreten wären, um ihr Integrität zu bewahren.

Der Vorstandsvorsitzende in Ron Kaplans Firma war 72 Jahre alt. Er hatte seine Pensionierung schon zweimal, im Alter von 65 und 70 Jahren, hinausgeschoben. Viele

Vorstandsmitglieder versuchten, ihn zum Rücktritt zu zwingen, weil sie das Gefühl hatten, er sei nicht mehr leistungsfähig. Um diesem Druck zu begegnen, wies der Vorstandsvorsitzende darauf hin, daß die Firma bereits seit zwanzig Jahren dieselben fünf Klienten habe, in ihrer Branche etwas durchaus Ungewöhnliches. Als er später erfuhr, daß einer dieser Klienten sich von dem Unternehmen trennen wollte, setzte er das in Szene, was Ron Kaplans Machtmißbrauch auslöste.

Unter diesen Umständen liegt die Bürde, für die Effektivität des Unternehmens zu sorgen und den Machtmißbrauch auf ein Minimum zu beschränken, bei den Topmanagern. Sie müssen ihre Macht einsetzen, um einen Rahmen zu schaffen und aufrechtzuerhalten, in dem diejenigen, die eingestellt und befördert werden, sowohl die persönliche Integrität als auch machtorientiertes Verhalten ohne funktionsstörende Folgen entwickeln können. Sie müssen sich um die formalen Systeme und Leistungsanreizsysteme des Unternehmens kümmern, ebenso wie um die informelle und soziale Struktur, so daß diese den Aktionskurs verstärken. In den meisten Unternehmen ist das eine äußerst schwierige Aufgabe, die viel Talent und persönliches Engagement erfordert. In manchen Unternehmen ist diese Aufgabe undurchführbar.

Unhaltbare Situationen

In manchen Unternehmen sind alle, mit der situationsbedingten Abhängigkeit verbundenen Faktoren in hohem Ausmaß vorhanden. Hier kann die Abhängigkeit in den Spitzenpositionen extrem groß sein – bisweilen zu groß, als daß der einzelne nicht zum Mißbrauch seiner Macht Zuflucht suchen muß. In diesen Firmen trifft man meistens Manager an, die das Unternehmen nicht im Griff haben. Intrigen und Machtmißbrauch sind an der Tagesordnung. Es gibt keine effektive koordinierende Planung. Der Aufbau des Unternehmens reflektiert viel stärker interne Machtkämpfe als die Effektivität oder die relevanten Umweltfaktoren. Aufgrund dessen ist die Leistungsfähigkeit des gesamten Unternehmens gering.

Dazu zählen zwar nicht viele Organisationen, aber das könnte sich in Zukunft ändern. Es besteht heute die Tendenz, entweder die Abhängigkeit in den Führungspositionen zu erhöhen oder es den Managern zu erschweren, Gegenkräfte zu entwickeln. Zunehmende staatliche Interventionen, ständiges Wachstum der Unternehmen und nachlassender Respekt vor der Autorität sind nur einige Beispiele dafür. Sollte dieser Trend anhalten, werden viele Unternehmen noch schwerer zu lenken, noch stärker politisch beeinflußt und noch weniger effektiv sein.[2] Ich glaube nicht, daß wir auf eine solche Entwicklung ausreichend vorbereitet sind.

Es lag mir fern, in diesem Kapitel die Bedeutung der Integrität zu schmälern. Im Gegenteil, die persönliche Integrität ist ein wichtiger Faktor, der machtorientiertes Verhalten und unternehmerische Effektivität miteinander verbindet. Ich habe nur andeuten wollen, da zwei Faktoren, die oft übersehen werden, den gleichen Stellenwert besitzen. Der erste ist die positionsbedingte Abhängigkeit, der zweite das machtorientierte Verhalten (siehe Abb. 6).

Immer, wenn eine spürbare Lücke zwischen positionsbedingter Abhängigkeit und der Fähigkeit, machtorientiertes Verhalten zu entwickeln, besteht, scheint die Effektivität des Unternehmens darunter zu leiden. In manchen Situationen führt diese mangelnde Effektivität nicht zum Machtmißbrauch; der Betroffene schafft es einfach nicht, die ihm gestellten Ziele zu realisieren, zeigt ungenügende Leistungen und trägt somit nicht zur Effektivität des gesamten Unternehmens bei. In solchen Fällen wird der Manager meistens versetzt, degradiert oder entlassen. Andere mißbrauchen ihre Macht, um die Abhängigkeit zu reduzieren und ihre Karriere nicht zu gefährden. Sie erreichen zwar nicht alle Ziele, aber »überleben« meistens. Manchmal erzählen auch Menschen, die für ihre Integrität bekannt sind, zu dieser Gruppe.

---

2 (Der Gedanke ist beunruhigend. Ich bin nicht näher darauf eingegangen, weil man darüber ein zweites Buch schreiben müßte.)

Oft sind eine Reihe von Faktoren für Situationen verantwortlich, in denen eine immense Lücke zwischen den Fähigkeiten eines Managers, sich machtorientiert zu verhalten und seiner Abhängigkeit klafft. Manchmal ist eine falsche Beurteilung von seiten der Personen, die für die Einstellung und Beförderung zuständig sind, schuld daran, oder die Fehleinschätzung der mit der Position verbundenen Abhängigkeit. Auch kann ein Mangel an Integrität bei den Entscheidungsträgern eine Rolle spielen, oder eine veränderte Situation, die plötzlich die Abhängigkeit erhöht und kompliziert.

Die negativen Folgen dieser Diskrepanz zwischen positionsbedingter Abhängigkeit und machtorientiertem Verhalten werden signifikanter, je weiter jemand in der Unternehmenshierarchie aufsteigt. Diese Lücke schafft ähnliche Lücken in den untergeordneten Positionen derselben Hierarchie. Deshalb liegt es vornehmlich bei den Topmanagern, die unternehmerische Effektivität zu sichern und den Machtmißbrauch auf ein Minimum zu beschränken. Für manchen ist diese Bürde zu groß.

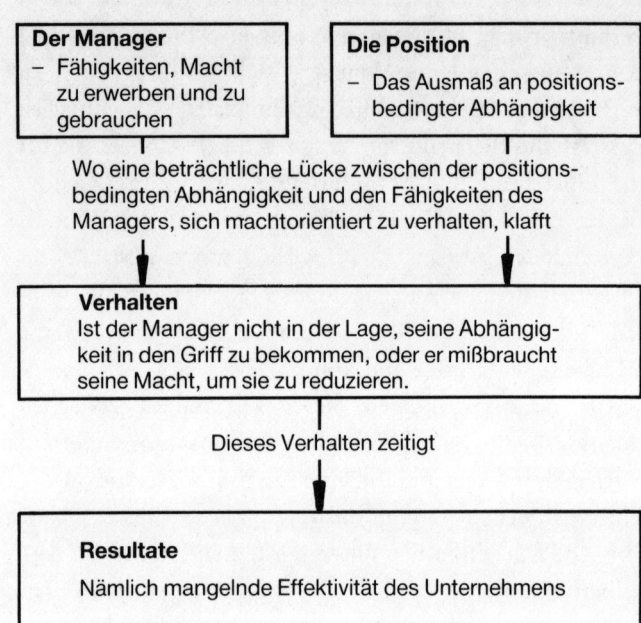

Der Manager
– Fähigkeiten, Macht zu erwerben und zu gebrauchen

Die Position
– Das Ausmaß an positionsbedingter Abhängigkeit

Wo eine beträchtliche Lücke zwischen der positionsbedingten Abhängigkeit und den Fähigkeiten des Managers, sich machtorientiert zu verhalten, klafft

Verhalten
Ist der Manager nicht in der Lage, seine Abhängigkeit in den Griff zu bekommen, oder er mißbraucht seine Macht, um sie zu reduzieren.

Dieses Verhalten zeitigt

Resultate
Nämlich mangelnde Effektivität des Unternehmens

Abb. 6: Machtorientiertes Verhalten und unternehmerische Effektivität

7. Machtorientiertes Verhalten und Karriere im Management

Manager, die nur in geringem Maße fähig oder gewillt sind, machtorientiertes Verhalten zu zeigen, bleiben oft im unteren Management »hängen«, haben nur wenige Untergebene und wenige Koordinierungsaufgaben. Manchmal wurden sie dahin degradiert, weil man festgestellt hatte, daß sie die mit einer anspruchsvolleren Position verbundene Abhängigkeit nicht meistern konnten. Oder sie treten in ein Unternehmen ein, in dem die meisten Führungspositionen mit wenig Abhängigkeit gekoppelt sind. Aber noch häufiger trifft man diese Leute, besonders wenn sie eine spezifische Ausbildung haben, unter den Spezialisten an, z.B. als Wissenschaftler, in der Schadenersatzabteilung oder als Chefanalytiker, wo sie mehr Unabhängigkeit genießen.

Machtorientierte Führungskräfte machen fast immer Karriere. Da die positionsbedingte Abhängigkeit auf dem »Weg nach oben« steigt, kann derjenige, dessen Fähigkeiten auf diesem Gebiet besonders ausgeprägt sind, in der Hierarchie weit aufsteigen (wenn alle übrigen Faktoren gleich sind). Wenn ein solcher Manager das eine oder andere persönliche Merkmal, das zu einer Führungsposition gehört, vermissen läßt (wie z.B. die Bereitschaft, lange zu arbeiten oder ein bestimmtes Intelligenzniveau) wird seine Karriere ohne Höhepunkte verlaufen oder man bezeichnet ihn als »Opportunisten«.

Manager, die fähig und geneigt sind, sich machtorientiert zu verhalten, sogar stärker, als ihre Position es verlangt – steigen im Unternehmen oft schnell auf. Das gelingt ihnen z.B., wenn sie die Abhängigkeit, die mit ihrer Position verbunden ist, noch ausweiten. Ein vielversprechender Manager in einem großen multinationalen Konzern übernahm zusätzlich zu seinen Führungsaufgaben zwei oder drei größere Projekte. Natürlich brachte jedes Projekt mehr Abhängigkeit mit sich. Als er z.B. eine Gruppe leitete, die nach einem geeigneten Standort für eine neue Fabrik suchte, war er von allen Mitgliedern dieses Teams abhängig – mit denen er normalerweise beruflich nichts zu tun hatte. Dennoch erlaubten ihm seine Fähigkeiten, sich effektiv und machtorientiert zu verhalten, zusammen mit anderen Begabungen, diese Abhängigkeit zu kompensieren und sowohl seinen regulären als auch seinen Extraaufgaben gerecht zu werden. Dieses Karrieremuster ist typisch für viele »Aufsteiger«, und es setzt sich fort, bis sie ein Niveau erreicht haben, wo die regulären Aufgaben ihre ganze Kraft fordern.

Typische Karriereprobleme

Machtorientierte Manager sind in ihrem Beruf meistens so lange erfolgreich, wie sie auch über andere notwendige Führungsqualitäten verfügen. Dennoch haben manche in bestimmten Phasen ihrer Karriere Probleme, die auf das

Mißverhältnis zwischen ihren Fähigkeiten und Begabungen und den Anforderungen ihrer Position oder einer neuen Aufgabe zurückzuführen sind. Viele dieser Probleme ließen sich vermeiden, wenn sie die Machtdynamik im Management besser verstehen würden.

Mißverhältnis zwischen Individuum und Arbeitsplatz

Ein Mißverhältnis zwischen den Fähigkeiten und Begabungen des einzelnen und der Führungsposition zieht unausweichlich ein Leistungsdefizit nach sich. Ist das Mißverhältnis gravierend, folgte meistens Rücktritt, Entlassung, Versetzung oder Degradierung. Vor Antritt einer neuen Stellung scheinen die Manager sich, wenn oft auch nur intuitiv, darüber Klarheit zu verschaffen, ob ein solches Mißverhältnis besteht oder nicht. Aber gelegentlich irren sie sich in ihrer bewußten oder unbewußten Beurteilung, weil sie mit dem Thema dieses Buches zu wenig vertraut sind.

Nehmen wir z.B. folgenden Fall: Der Vizepräsident eines enorm erfolgreichen Konzerns hatte eine glänzende Karriere in diesem Unternehmen gemacht. Mit 46 Jahren wurde ihm klar, daß der Präsident noch mindestens zehn Jahre auf seinem Posten bleiben würde. Er wußte, daß er nicht darauf warten wollte, und daß außerdem die Firma und ihre Produkte, die 20 Jahre lang im Mittelpunkt seines Denkens gestanden hatten, ihn zu langweilen begannen. Als man ihm den Vorsitz in einem innovativen, angesehenen, gemeinnützigen Unternehmen anbot, griff er zu. Während der ersten Monate nach Antritt seiner Stellung führte er eine Reihe organisatorischer Veränderungen ein und rationalisierte einige Einrichtungen, die eher durch Zufall als durch sinnvolle Planung entstanden waren. Dabei kam es zu Diskrepanzen mit einem Angestellten des mittleren Managements, der ziemlich untalentiert und destruktiv schien. Er entließ ihn. Als die übrigen Mitarbeiter von der Kündigung hörten, brach die Hölle los. Die Arbeit im Unternehmen brach fast völlig zusammen. Freunde des Entlassenen organisierten einen Sitzstreik im Büro des Firmenpräsidenten. Andere Mitarbeiter begannen, sich zu einer Interessengruppe zusammenzuschließen. 4 Tage später, als immer noch Aufruhr herrschte, trat der Unternehmenspräsident zurück.

In diesem Fall akzeptierte ein äußerst erfolgreicher Manager eine neue Position, bei der die Abhängigkeit weit größer als in seiner alten Stellung war. In seiner neuen Rolle war er von seinen Angestellten viel abhängiger – und zwar aus verschiedenen Gründen, die mit der Struktur, der Technologie und den Märkten des Unternehmens zusammenhingen. Er hatte die Position offenbar akzeptiert, ohne sich über die Veränderung in seinem Abhängigkeitsverhältnis klar zu sein. Als es zu einer Konfrontation kam, stellte er fest, daß die Notwendigkeit, diese Abhängigkeit zu reduzieren, Feingefühl zu beweisen und eine Art Gegengewicht zu entwickeln und andere zu beeinflussen, »eine unglaublich frustrierende Zeitverschwendung« war.

Diese Reaktion ist typisch für jemanden, der eine Position bekleidet, die ein verstärktes machtorientiertes Verhalten erfordert, das der Betreffende aber nicht entwickeln oder zeigen kann. Solche Leute bezeichnen das notwendige Verhalten oft als »Zeitverschwendung« oder »intrigant«.

Es gibt auch zahllose, weniger spektakuläre Beispiele für das Mißverhältnis Mensch/Arbeitsbereich. Jemand tritt eine Stellung an und muß feststellen, daß er, aufgrund mangelnden Trainings oder unzureichender Intelligenz, viele der damit verbundenen Belange oder Probleme nicht versteht. Diese Person ist nicht in der Lage, Macht durch Information zu entwickeln oder andere durch Überzeugung zu beeinflussen. Manchmal schafft er es dann nicht, mit der positionsbedingten Abhängigkeit zurechtzukommen und wird entlassen. Oder er versucht seine Abhängigkeit dadurch zu kompensieren, daß er noch mehr Macht durch Ressourcen oder Beziehungen entwickelt und andere mit Hilfe anderer Mittel als der Überzeugung zu beeinflussen versucht. Ein solcher Mann kann, zumindest zeitweilig, in seiner Position bleiben. Aber auch dann wird er normalerweise als »Intrigant« abgestempelt und kann seine Hoffnungen, weiterhin Karriere zu machen, begraben.

Anpassungsprobleme

Ein Manager, der aufgrund seiner Fähigkeiten für eine neue Stellung durchaus geeignet ist, kann trotzdem Probleme haben, sich auf die Anforderungen des neuen Aufgabengebietes einzustellen. Unrealistische Vorstellungen von der Machtdynamik im Management sind oftmals die Ursache ernsthafter Anpassungsprobleme.

Z.B. zeigen Manager, die ihre erste Führungsposition angetreten haben, oft erstaunlich wenig Gespür für die positionsbedingte Abhängigkeit, die Probleme verursacht. Da man ihnen während ihrer formalen Ausbildung selten, wenn überhaupt, gesagt hat, daß sie diejenigen, von denen sie abhängig sind, kennen sollten, müssen Leute, die von Natur aus kein Gespür für soziale Phänomene haben, mit ernsthaften Schwierigkeiten rechnen.

»Als ich bei Balor Chemical anfing«, erzählte mir jemand, »habe ich mir gleich am ersten Arbeitstag das Organisationsschema und ein Buch angesehen, in dem das Management mit Bildern und Kurzbiografien vorgestellt wird, und habe gelernt wer wer ist. Ich hielt mich für clever, und das war ich auch im Verhältnis zu anderen, die mit mir zusammen dort begannen. Nach zwei Wochen kannte ich mich aus – besser als die meisten nach zwei Monaten. Heute, nach 1 1/2 Jahren, kann ich kaum glauben, wie wenig ich wirklich wußte. Z.B. war Helen Wagner nirgendwo aufgeführt, aber sie ist für den Erfolg meines Projektes genauso wichtig wie andere. Sie ist die

Sekretärin des Vizepräsidenten Phil Peters. Er ist bei diesem Projekt mein Vorgesetzter. Ich muß verschiedene wichtige Entscheidungen, die sporadisch anfallen und schnell getroffen werden müssen, mit ihm zusammen erarbeiten. Phils Büro ist im Stammhaus in Manhattan, und deshalb erreiche ich ihn meistens nur per Telefon oder über ein Memo, das durch Helens Hände geht. Und wie Sie sich vorstellen können, ist er natürlich sehr beschäftigt, erhält viele Anrufe und eine Menge Post. Helen ist diejenige, die da Prioritäten setzt. Sie hätte die Möglichkeit, mir das Leben schwer zu machen.

Dann ist da noch Marvin Wick, dessen offizieller Titel ein bißchen unklar ist, er sitzt in der Finanzabteilung, entscheidet aber auch, wie schnell und gut Anfragen von Mitarbeitern, die nicht zur Finanzabteilung gehören, bearbeitet werden. Offiziell sollten diese Anfragen eigentlich an den Assistenten des Administrationsleiters gerichtet werden, aber letztlich trifft Marvin die Entscheidungen. Gelegentlich bin ich auf ihre Dienste angewiesen, da ich auf diesem Gebiet nicht so ›firm‹ bin, und dann ist Marvin für mich der wichtigste Mann. Dann sind da noch Phil Racko aus der Rechtsabteilung und Janet Rolly aus der Werbeabteilung und Jim Ballentine von der Planung usw. usw. Ich wollte, ich hätte das alles vor einem Jahr schon gewußt. Ich hätte viel mehr tun und einige Probleme vermeiden können.«

Im Gegensatz zu diesem jungen Manager werden einige Führugskräfte mit Anpassungsproblemen konfrontiert, weil sie nicht versuchen, ihre positionsbedingte

Abhängigkeit zu kompensieren. Aufgrund ihrer unklaren Vorstellungen bezüglich Macht, Management und Unternehmen haben sie das Gefühl, es sei nicht richtig, daß sie versuchen müssen, andere zu veranlassen, »ihre Arbeit zu machen«, wie jemand es ausdrückte. Deshalb versuchen sie, zumindest zu Anfang, Macht zu gewinnen und zu gebrauchen, um ihre Abhängigkeit zu reduzieren. Fred Talbor ist ein typisches Beispiel dafür. Er meint: »Die größte Schwierigkeit, die ich bei der Anpassung an meine augenblickliche Position hatte, war zu lernen, ohne meine eigene Buchhaltung auszukommen. In meinem früheren Job gehörten zwei Buchhalter und zwei Bilanzbuchhalter zu meinem Team. Jetzt habe ich keine eigenen Leute mehr, sondern bin auf die firmeneigene Buchhaltungsabteilung angewiesen. Früher gab es nie Probleme auf diesem Gebiet. Hier haben die Schwierigkeiten bereits nach einem Monat begonnen. Der erste Bericht ging eine Woche zu spät an mich und er enthielt nur die Hälfte der von mir gewünschten Informationen, aber dafür viele, die ich gar nicht gebrauchen konnte. Ich bin darüber so wütend geworden, daß ich meine arme Sekretärin angebrüllt habe, ›Warum können diese Mistkerle aber auch gar nichts richtig machen?‹. Nun, kurz und gut, was mir heute ganz klar ist, begann bei mir damals zu dämmern: Ich war für sie ein ebenso großes Problem wie sie für mich. Ich hatte mich nicht den neuen Realitäten angepaßt, jedenfalls nicht auf intelligente Weise. Herumbrüllen war keine Lösung. Seither habe ich mir die Zeit genommen, eine gute Beziehung zur Buchhaltung zu pflegen und erhalte dadurch die Berichte, die ich brauche.«

Leute, deren Abhängigkeit in einer neuen Stellung größer als in der alten ist, haben oft Probleme, weil sie nicht erkennen, wie sie sich anzupassen haben. Ohne Kenntnisse der Problematik und Muster, über die ich in den vorherigen Kapiteln gesprochen habe, reagieren sie ständig in einer Art, die man nur als »naiv« bezeichnen kann.

Elliot Katz z.B. war in seiner ersten Führungsposition ziemlich erfolgreich. Als er in eine viel größere Division desselben Unternehmens befördert wurde, wurde er – nach nur neun Monaten – fast entlassen. Nach einem Jahr ging er von selbst. Katz führt seine beruflichen Probleme heute auf seine Naivität im Hinblick auf den Machtgebrauch zurück:

»Ich stellte nach meiner Beförderung fest, daß meine neue Aufgabe viel komplexer und daß ich wesentlich abhängiger war. Ich konnte sehen, daß ich mit viel mehr Leuten zusammenarbeiten mußte. Aber ich habe die Konsequenzen dieses Unterschiedes nicht bedacht. Früher brauchte ich mich um die ›Sichtbarkeit‹ meiner Leistungen nicht zu kümmern. Hätte mir jemand das vorgeschlagen, würde ich ihm geantwortet haben, daß ich für so etwas keine Zeit habe. Was ich damals nicht bemerkte, war, daß meine Leistungen aufgrund der Beschaffenheit meiner Abteilung und meiner Position für meinen Vorgesetzten ersichtlich und somit leicht zu beurteilen waren. Und er war der einzige, der zählte.

Nach meiner Beförderung hatte sich die Situation geändert. Neben meinem Chef waren noch mehrere Leute wichtig. Und aufgrund der Situation waren meine Leistungen für viele nicht mehr klar erkennbar und daher nicht einfach zu beurteilen. Unter diesen Umständen hätte ich gute Beziehungen zu den Leuten entwickeln sollen, deren Kooperation und Respekt ich brauchte, durch Maßnahmen, die sie sichtbar gemacht hätten. Ich habe auch nicht erkannt, daß es Zeiten gibt, wo man ›knallhart‹ mit den Leuten umgehen oder sie aus dem Wege schaffen muß. Natürlich meine ich das nicht wörtlich. Ich sage nur, daß es Augenblicke gibt, wo ein rationaler Dialog nutzlos ist. Ich gebe zu, daß das selten vorkommt. Wenn ich auf die Ereignisse nach meiner ersten Beförderung zurückdenke, sehe ich ein, daß ich ganz schön naiv war. Die Rechnung dafür habe ich präsentiert bekommen.«

Manche Manager stehen vor dem genau umgekehrten Problem. Wenn sie gerade erst ihre erste Führungsposition übernommen haben, wie Elliot Katz, oder eine Stellung angetreten haben, die im Gegensatz zu ihrem früheren Arbeitsbereich bedeutend weniger Abhängigkeit beinhaltet, behandeln sie das Thema »Macht« eher zynisch. Sie stellen das machtorientierte Verhalten zu sehr in den Vordergrund, und unterschätzen die Schlüsselrolle, die Vertrauen im Umgang mit anderen Menschen einnimmt. Diese Haltung führt unweigerlich zu Problemen. Z.B. berichtet ein Manager:

»Wir haben vor zwei Jahren einen Mann eingestellt,

der schon nach sechs Monaten wieder ging; in der Zwischenzeit hatte er einige von uns ›auf die Palme gebracht‹. Er war von der Unternehmenspolitik besessen. Er brütete wochenlang über den einfachsten Entscheidungen und analysierte alle möglichen firmenpolitischen Implikationen. Er verbrachte ungeheuer viel Zeit damit, Beziehungen mit Dutzenden von Leuten, die gar nichts mit seiner Arbeit zu tun hatten, aufzubauen und zu pflegen. Ich kann mich nicht erinnern, jemals ein aufrichtiges Gespräch mit ihm geführt zu haben; ihm ging es nur darum, was ich von ihm hielt. Bitte mißverstehen Sie mich nicht. Ich will damit nicht sagen, daß es falsch ist, gute Beziehungen aufzubauen und ein Gespür für die Machtdynamik zu haben, aber man kann es auch übertreiben.«

Obwohl sich der Naive wie auch der Zyniker selbst oft als Gegenpole betrachten, haben sie ähnliche Probleme, sich ihrer neuen Positionen anzupassen, oder mit anderen Aspekten ihrer beruflichen Laufbahn. Eines haben sie gemeinsam: ihnen fehlt die realistische Einstellung zur Macht, und das ist wichtiger als das, was sie trennt.

Karriereprobleme überwinden und vermeiden

Die typischen Karriereprobleme im Leben eines Managers sind auf mangelndes Verständnis der Machtdynamik zurückzuführen, lassen sich jedoch bei den meisten überwinden oder ganz vermeiden. Der Schlüssel ist die Erkenntnis – d.h., eine gewisse Vertrautheit mit den in diesem Buch diskutierten Themen.

Wahl des Arbeitsplatzes

Kenntnisse der Macht/Abhängigkeits-Dynamik halfen einem sehr erfolgreichen 35jährigen Manager bei der Entscheidung, das Angebot, in einem anderen Unternehmen eine Division zu übernehmen, anzunehmen oder abzulehnen. Diese Offerte war, zumindest oberflächlich gesehen, für ihn eine große Chance. Die meisten seiner Kollegen zweifelten nicht daran, daß er akzeptieren würde. Aber er hatte Bedenken, die er nicht artikulieren konnte. Mit Hilfe der Kenntnisse, die er mit diesem Buch erworben hatte, konnte er bewußt die Ursache seines Mißbehagens identifizieren. Es schien, als ob der neue Aufgabenbereich in wesentlich größerem Umfang machtorientiertes Verhalten erforderte als seine alte Stellung, und er hatte wenig Veranlassung zu glauben, daß es ihm gelingen würde, diese Art des Verhaltens zu entwickeln und aufrechtzuerhalten. Er hatte bereits das Gefühl, daß er zuviel Zeit mit Meetings und Mitarbeitergesprächen vergeudete. Bevor er das Buch gelesen hatte, war er eigentlich geneigt, trotz seiner Gefühle die Position anzunehmen, weil ihm diese Entscheidung vernünftig vorkam. Aber aufgrund dessen, was er nun wußte, lehnte er ab.

Kenntnisse der Machtdynamik haben auch vielen meiner Studenten bei der Stellungssuche geholfen. Ich habe jedes Jahr wieder Anwärter, die aus eigener Erfahrung wissen, daß sie nicht in eine hochbrisante Umgebung passen. Die meisten gehen zuerst davon aus, daß es ratsam ist – um herauszufinden, ob es sich um eine solche Umgebung handelt – mit jemandem zu sprechen, der mit der Stellung oder dem Unternehmen vertraut ist, oder sich an Ort und Stelle ein Bild davon zu machen. Kapitel 5 bietet ihnen eine praktische Hilfe. Darin heißt es, daß man in Unternehmen mit Führungspositionen, die durch große Abhängigkeit gekennzeichnet sind, mit einem spannungsgeladenen Klima rechnen muß. Darin heißt es weiterhin, daß derartige Organisationen durch solche Faktoren wie 1. extreme Größe, 2. unsichere Umweltbedingungen, 3. starke Abhängigkeit von der Umwelt, 4. ehrgeizige Unternehmensziele, 5. komplexe Technologien, 6. physische Dichte der Unternehmensteile, 7. unklare formale Autorität und 8. knappe Ressourcen geprägt sind. Durch den Ausschluß von Firmen, die viele dieser Charakteristika aufweisen, gelang es den meisten Studenten, bei der Wahl ihrer künftigen Arbeitgeber Geschick zu beweisen.

Anpassung an den Arbeitsplatz

Kenntnisse der Machtdynamik helfen auch bei der Anpassung an den neuen Arbeitsbereich. In einem Fall konnte ein junger Manager mit ausgezeichneter formaler

Ausbildung die Schwierigkeiten an seinem neuen Arbeitsplatz sofort identifizieren. Er stellte fest, daß er seine Abhängigkeit von zwei wichtigen Leuten im Unternehmen nicht (durch machtorientiertes Verhalten) kompensieren konnte. Das Resultat war, daß sie sich ständig einmischten und ihn bei seiner Arbeit behinderten. Beide waren in einer anderen Abteilung beschäftigt, die Ressourcen kontrollierte, die für seine Projekte wichtig waren. Er war sich offensichtlich nicht darüber im klaren, wie abhängig er von ihnen war, besonders, weil diese Abhängigkeit aus keinem Organisationsschema oder der Arbeitsplatzbeschreibung hervorging. Obwohl er wußte, daß sie für viele Ungelegenheiten verantwortlich waren, hatte er geglaubt, daß sei ihr und nicht sein Problem. Er meinte: »Ich habe mir nur gedacht, sie verhalten sich nicht richtig!« Mit Hilfe eines besseren Verständnisses der Machtdynamik konnte er nach Möglichkeiten suchen, sein eigenes Verhalten zu ändern, um Macht zu entwickeln, aufrechtzuerhalten und einzusetzen und diese beiden Leute zu beeinflussen. Er erfuhr z.B., daß einer der beiden Squash spielte, aber oft keinen Partner hatte. Da unser junger Manager selber ein Squash-Fan war, fragte er ihn, ob er mit ihm spielen wolle. Er hatte sich überlegt, daß er dabei die Chance hätte, zumindest eine Art von Macht über den anderen zu gewinnen – die Macht, die auf der Verpflichtung basiert, dem anderen auch einen Gefallen zu erweisen; aus erster Hand etwas über den Arbeitsbereich des anderen zu erfahren; ihn in entspannter Atmosphäre zu treffen und wenn nötig zu beeinflussen, und dabei nichts von seiner kostbarsten Ressource – nämlich Zeit – einzubüßen, weil er sowieso mit irgend jemandem Squash gespielt hätte. Innerhalb eines Monats verwirklichte er seine Idee. Und innerhalb von zwei Monaten verbesserten sich, für ihn und seinen Chef ersichtlich, seine Leistungen beträchtlich.

Personal- und organisatorische Entscheidungen

Kenntnisse der Machtdynamik tragen auch erheblich dazu bei, dem Manager verschiedene Personal- und organisatorische Entscheidungen zu erleichtern. Mit Hilfe dieses Buches konnte ich z.B. einem Klienten helfen, der noch unentschlossen war, ob er einen Mitarbeiter aus dem mittleren Management entlassen sollte oder nicht. Mein Klient war wütend, weil sich dieser Mann so verhielt, »daß er dem Unternehmen schadete«. Unter anderem benutzte er seine Macht dazu, von der EDV-Abteilung größere Prioritäten eingeräumt zu bekommen, als im Interesse der Firma lag; wichtigere Projekte mußten dafür zurückstehen. Ich fand heraus, daß dieser Manager nur versuchte, seine Abhängigkeit, die ihm hauptsächlich von seinem Vorgesetzten und meinem Klienten auferlegt war, zu reduzieren. Man muß wohl nicht erwähnen, daß mein Klient alles andere als erbaut war vom Ergebnis meiner Analyse. Dennoch entließ er den Mann nicht, sondern überprüfte im Laufe der Zeit seine Top-Manage-ment-Organisation und seinen eigenen Führungsstil.

Einige Manager haben mit Hilfe ähnlicher Analysen versucht, Entscheidungshilfen bei der Einstellung und Beförderung ihrer Mitarbeiter zu sichern. In diesen Fällen benutzen sie ihre Kenntnisse auf ähnliche Weise, wie die Stellungsuchenden: so läßt sich leichter beurteilen, welcher Bewerber für welche Aufgabe geeignet ist. Der Vizepräsident eines großen Verlages suchte jemanden für eine wichtige Aufgabe; der Applikant sollte ihm direkt unterstellt sein. Einer der Bewerber gefiel ihm besonders gut. Es handelte sich um einen außergewöhnlich intelligenten und freundlichen jungen Mann. Aber er hatte keine Erfahrungen im Verlagswesen oder mit den Aufgaben, die ihn erwarteten. Bei der Prüfung, ob dieser Bewerber geeignet war, richtete sich der Vizepräsident nach den Anweisungen in meinem Buch. Er konzentrierte sich insbesondere auf die Tätigkeiten, die der junge Mann mit Erfolg ausgeführt hatte und verglich sie mit den Anforderungen des neuen Aufgabengebietes und den damit verbundenen Abhängigkeiten. Er kam zu der Schlußfolgerung, daß sie ähnlich waren. Aufgrund dieser Erkenntnis und anderer Analyseverfahren stellte er den Mann ein. Er hat seine Entscheidung bis heute nicht bereut.

Einsichten in das Verhalten anderer

Vertrautheit mit der Machtdynamik erleichtert dem Manager, Einblick in das Verhalten der Menschen, mit denen er umgeht, zu gewinnen. Eine Führungskraft aus dem Universitätsmilieu war z.B. nicht in der Lage, bestimmte Aspekte im Verhalten des Rektors gegenüber dem Kuratorium zu verstehen. Dieser Mangel an Verständnis führte zu einer Verschlechterung seinen Beziehung zu diesem Rektor. Der Manager versuchte verzweifelt, dieses Problem aus dem Weg zu räumen, weil er den Mann und seine Fachkompetenz schätzte. In den 15 Jahren seiner Amtszeit war die Universität merklich aufgeblüht.

Nachdem er dieses Buch gelesen hatte, gelang es ihm, das Verhalten des Rektors gegenüber dem Kuratorium zu analysieren und ein Schema darin zu entdecken, das er zuvor nicht bemerkt hatte. Er stellte fest, daß sein Vorgesetzter in hohem Maße abhängig war und unter großem Zeitaufwand versuchte, diese Abhängigkeit in den Griff zu bekommen. In einem Zeitraum von 15 Jahren hatte er, um die Beziehung zum Kuratorium zu verbessern, folgende Maßnahmen eingeleitet:
– Er hatte versucht, die Anzahl der Mitglieder von 15 auf 45 zu erhöhen. Die offizielle Begründung war, daß er damit »die Zahl der Entscheidungsträger im Hinblick auf die Belange der Universität erhöhen« wollte. Natürlich war er dadurch auch weniger von einem einzelnen oder

einer kleinen Gruppe von Mitgliedern abhängig, da wichtige Entscheidungen (z.B. die Wahl eines neuen Rektors) eine Zweidrittel-Mehrheit erforderten.

– Die regelmäßigen Zusammenkünfte der Kuratoriumsmitglieder statt monatlich vierteljährlich anzuberaumen. Der offizielle Grund war, »daß alle Mitglieder wichtige und stark beschäftigte Leute sind«. Diese Veränderung machte es den Mitgliedern nahezu unmöglich, brisante Themen hinlänglich zu analysieren oder zu diskutieren und machte sie von der Arbeit der von der Universität dafür eingesetzten Leute abhängig. So konnte der Rektor eine Art Gegengewicht schaffen.

– Er richtete eine Geschäftsstelle für die Mitglieder ein, die für »Koordinierungsaufgaben« zuständig war. Dann setzte er durch, daß jegliche Art von Kommunikation über diese Geschäftsstelle, die mit einer vom Rektor benannten Ganztagskraft besetzt war, abgewickelt werden mußte. So waren der Rektor und seine Arbeitsgruppe in der Lage, zu bestimmen, welche Informationen an die Mitglieder weitergegeben werden sollten und er konnte einen Ausgleich schaffen.

– Er empfahl neue Mitglieder für das Kuratorium, die nicht in der Nähe der Universität lebten (»wir wollen die b e s t e n Leute, gleichgültig, wo sie leben«), mit denen er eine gute Beziehung hatte. Das führte zu der Aufnahme neuer Mitglieder, über die der Rektor bereits Macht hatte, und erschwerte es dem Kuratorium, außerhalb der vierteljährlichen Besprechungen zusammenzuarbeiten.

Ein letzter Gedanke sei mir noch gestattet. Dieses Buch ist besonders hilfreich für Leute, die im Hinblick auf ihre Managementkarriere »unvorteilhafte Voraussetzungen« mitbringen. Dazu gehören Manager, die wenig Gelegenheit hatten, gleich zu Beginn ihrer beruflichen Laufbahn eine Führungsposition zu erreichen oder wichtige Aufgaben zu übernehmen; diejenigen, deren formale Ausbildung sie nicht mit dem Thema Macht und Abhängigkeit konfrontiert hat, und die, die niemals zuvor mit außergewöhnlichen Führungskräften zusammenarbeiten durften. Solche, durch die persönliche Entwicklung bedingten Einschränkungen, müssen nicht unbedingt zu einem Karrierestop führen. Man kann diese Leute »weiterbringen«. Sie können ihre Fähigkeiten, sich machtorientiert zu verhalten, verbessern, wenn sie dieses Buch aufmerksam gelesen haben. Die darin vermittelten Kenntnisse sind das A und O des beruflichen Aufstiegs.

Eine weibliche Führungskraft aus dem mittleren Management schrieb einen sehr informativen Brief als Antwort auf einen Artikel, der sich mit dem in Kapitel 2, 3 und 4 (1) enthaltenen Material befaßte. Sie meinte, daß die Lektüre ihr gerade dann neue Einsichten vermittelt hätte, als sie ihre beruflichen Schwierigkeiten nicht länger damit erklären konnte, »daß sie eine Frau war«.

Sie fährt fort: »Da ich die Machtdynamik und ihren engen Bezug zur Abhängigkeit nicht kannte, habe ich meine Effektivität mehrfach untergraben, ohne daß es eine unmittelbar sichtbare Auswirkung auf meine Leistung hatte. Und da ich nichts erzwingen, nicht manipulieren oder den Boss spielen wollte, habe ich auch nicht versucht, jemanden, ›der nicht bereit war, zuzuhören oder aufmerksam zuzuhören‹, mit Hilfe meiner Überzeugungskraft zu beeinflussen. Jetzt werden mir verschiedene Dinge klar, z.B. unerklärliche Beförderungen, Pläne, Entscheidungen und Wahlmöglichkeiten, die, wie ich heute weiß, einen Versuch des Managements darstellten, Abhängigkeitsbeziehungen zu kompensieren und Menschen in einem äußerst komplexen Unternehmensumfeld zu lenken.«

Sie sagt, daß es kulturell bedingte Vorurteile gegen die Machtdynamik gebe und da Frauen auf Abhängigkeit und Machtlosigkeit konditioniert seien, wäre es kein Wunder, daß eine große Anzahl vor allem junger Manager mit ausgezeichneter Ausbildung, ihr Leistungspotential nicht voll ausschöpfen können, weil sie zuwenig von der Machtdynamik verstünden und nicht die Instinkte entwickelt und gefördert hätten, die für einen effektiven Erwerb und Gebrauch von Macht unerläßlich seien.

Sie fährt fort, daß es »für Männer wie für Frauen möglich ist, die von erfolgreichen Managern angewandten Methoden zu benutzen. Man braucht dazu nicht Mitglied in einem ›honorigen Club‹ zu sein oder den ›traditionellen Teamsport‹ betrieben zu haben – sondern lediglich die notwendigen Kenntnisse und den Wunsch zu haben, sich ihrer zu bedienen. Zum erstenmal habe ich keine Probleme, die Merkmale auszusondieren, ›die erfolgreiche Manager beim Erwerb und Gebrauch ihrer oft beträchtlichen Macht, mit der sie ihre Abhängigkeit von anderen kompensieren, kennzeichnet‹.«

Sie schließt daraus: »Jedes Beispiel veranlaßte mich, an Situationen oder Personen aus meinem eigenen Erfahrungsbereich zu denken, auf die dieses Schema zutraf, und darüber nachzudenken, was ich in meiner Situation tun kann, um effektiver zu sein. Das bedeutet, daß ich lerne, instinktiv die Möglichkeiten, Macht zu erwerben und einzusetzen, zu erkennen. Ich habe oft das Gefühl, daß ich ganz nah daran bin, die Dinge zu tun, die den sichtbaren Unterschied ausmachen.«

8. Empfehlungen

Macht im Management ist ein komplexes Thema, das sich nicht leicht auf einfache »Wie«-Beschreibungen reduzieren läßt. Dennoch wäre es für viele Manager von Vorteil, sich an folgenden Richtlinien zu orientieren:

1. Die eigenen Fähigkeiten, sich machtorientiert zu verhalten, erkennen

Der erste Schritt bei der Umsetzung der in diesem Buch enthaltenen Ideen in die Praxis, ist die Überprüfung des eigenen Verhaltens, besonders im Hinblick auf das in Kapitel 3 und 4 Gesagte. Hier ist absolute Ehrlichkeit erforderlich, und die Wahrnehmungen anderer Menschen eine große Hilfe. Konzentrieren Sie sich dabei auf folgende Fragen:

– Erkennen Sie ein Machtpotential in Ihrem Unternehmen? Oder überrascht es Sie manchmal, wie einflußreich jemand ist, warum jemand befördert wurde oder Ihre Maßnahmen abblocken kann?
– Verwenden Sie alle in Kapitel 3 beschriebenen Methoden, Ihre Macht auszubauen? Wenn nicht, welche ignorieren Sie? Warum ignorieren Sie sie – weil Sie nicht mit Leuten zusammengetroffen sind, die sie mit Erfolg anwenden, oder weil Sie das Gefühl haben, etwas Unrechtes zu tun?
– Gehen Sie bewußt Risiken ein, indem Sie Ihre Macht in

Aktivitäten oder Entscheidungen einbringen, in der Hoffnung, dadurch Ihre Macht zu vergrößern? Oder konzentrieren Sie sich vornehmlich darauf, Ihre Macht unverändert beizubehalten?

– Haben Sie ein Gefühl für die Machtimplikationen in all Ihren Aktivitäten entwickelt? Oder treffen Sie manchmal Entscheidungen oder ergreifen bestimmte Schritte, die Ihre Position verschlechtern?

– Haben Sie sich im Verlauf Ihrer beruflichen Karriere alle Machtquellen in Ihrem Unternehmen zunutze gemacht? Wissen Sie, wo diese Quellen sind?

– Wissen Sie, was andere für legitim bei der Ausübung von Macht erachten? Ist Ihnen bekannt, daß die meisten Menschen glauben, daß der Machtgebrauch bestimmte Verpflichtungen beinhaltet?

– Verstehen Sie intuitiv, auf welche Weise Manager ihre Macht einsetzen? Oder haben einige der Behauptungen in Abb. 3 Sie überrascht?

– Verwenden Sie alle in Kapitel 4 erwähnten Methoden der Beeinflussung? Wenn nicht, welche haben Sie unbeachtet gelassen? Warum haben Sie sie nicht beachtet – weil Sie mit ihnen nicht vertraut waren oder weil Sie das Gefühl haben, sie sollten nicht angewandt werden?

– Benutzen Sie Ihre Macht, um alle Menschen, von denen Sie abhängig sind, zu beeinflussen und zu lenken? Oder konzentrieren Sie sich mehr auf eine bestimmte Gruppe, wie zum Beispiel Untergebene, Kollegen, Außenstehende oder Vorgesetzte?

– Erkennen andere Ihre Machtposition? Oder Ihren Einfluß? Wenn nicht, warum nicht?

Die Beantwortung dieser Fragen ist aus zwei Gründen zu empfehlen. Erstens ist die Identifizierung einer Schwachstelle oder eines Fehlverhaltens ein wichtiger Schritt, sie zu überwinden und Ihre Fähigkeiten auszubauen. Zweitens ist das Wissen um die eigene Person eine Voraussetzung, optimale Entscheidungen im Hinblick auf die Karriere zu treffen.

2. *Bei der Wahl der beruflichen Laufbahn oder des Arbeitsplatzes Macht und Abhängigkeit miteinbeziehen*

Wenn Sie wissen, welche Art von Arbeitsplatz Sie in den nächsten zwei, fünf, zehn oder zwanzig Jahren anstreben, können Sie mit Hilfe von Kapitel 5 ergründen, inwieweit Sie Ihre Wahl von anderen abhängig macht (siehe Abb. 6). Dann sollten Sie sich eine entscheidende Frage stellen: Werden Sie in der Lage sein, aufgrund Ihrer augenblicklichen Fähigkeiten, sich machtorientiert zu verhalten, mit den künftigen positionsbedingten Abhängigkeiten fertigzuwerden? Lautet die Antwort »nein«, sollten Sie Ihr Berufsziel noch einmal überdenken.

Wenn Sie sich noch keine Gedanken über die Art des Arbeitsplatzes, den Sie sich für Ihre Zukunft vorstellen, gemacht haben, geben Ihnen Kapitel 5 und 7 einige Anregungen dazu. Zum Beispiel könnten Sie zu dem

Schluß kommen, daß Ihre Fähigkeiten, Macht zu erwerben und zu gebrauchen, schwach entwickelt sind und Sie es nicht ertragen können, von vielen Leuten abhängig zu sein; dann sollten Sie versuchen, als Spezialist in einem gut geführten Unternehmen mit mittleren bis bescheidenen Ertragserwartungen Karriere zu machen.

Bevor Sie sich für eine spezifische Position entscheiden, wäre es ratsam, das Macht/Abhängigkeitsverhältnis, das damit verbunden ist, eingehender zu analysieren, wie in Kapitel 5 aufgeführt. Dazu gehört zum Beispiel die detaillierte Auswertung der mit dem Arbeitsplatz verbundenen Abhängigkeiten. So gewinnen Sie eine ungefähre Vorstellung von dem Umfang und der Art des machtorientierten Verhaltens, das für den Ausgleich der situationsbedingten Abhängigkeit notwendig ist. Zusammen mit der realistischen Einschätzung Ihrer Fähigkeiten des Machterwerbs und -gebrauchs, können Sie mit einiger Sicherheit voraussagen, wie effektiv Sie in Ihrem Beruf sein werden, und vermeiden, einen für Sie ungeeigneten Arbeitsplatz zu wählen.

3. *Bevor Sie einen neuen Arbeitslatz antreten, sollten Sie sorgfältig überlegen, in welcher Reihenfolge Sie Maßnahmen initiieren, die Ihnen dabei helfen, die notwendige Macht zu entwickeln*

Manager beginnen selten ihre berufliche Laufbahn mit all der notwendigen Macht, um effektiv zu arbeiten. Diese Macht muß entwickelt werden. Wie wir in Kapitel 2 gesehen haben – anhand des Beispieles von Dave Hirsch und Jerry Donatur – kann die genaue Reihenfolge der Aktivitäten, die man an einem neuen Arbeitsplatz einleitet, die Entwicklung des Machtpotentials unterstützen oder behindern.

Hier sind einige brauchbare Faustregeln für die Ermittlung der bestmöglichen Reihenfolge der Aktivitäten:

– Wenn es sich nicht um eine Krise handelt, die unmittelbares Eingreifen erfordert, sollten Sie viel Zeit opfern, um gute Beziehungen herzustellen und Informationen zu sammeln.

– Nehmen Sie jedes Risiko mit geringen Verlusten und hohem Gewinn auf sich – übernehmen Sie also Aufgaben, für deren Ausführung sie wenig Macht brauchen, die Ihnen aber die Möglichkeit bieten, im Austausch dafür einen erheblichen Machtgewinn zu erzielen.

– Versuchen Sie nie ein Problem mit Gewalt zu lösen, bevor Sie nicht genügend Macht haben, eine Lösung durchzusetzen.

4. Wenn Sie weniger effektiv arbeiten als Sie können, stellen Sie fest, ob es sich um ein Macht/Abhängigkeits-Problem handelt

Stellen Sie fest, von welchen Leuten Sie abhängig sind. Achten Sie darauf, daß Sie dabei niemanden vergessen. Sehen Sie sich die Menschen über Ihnen, unter Ihnen, neben Ihnen und außerhalb des Unternehmens genau an. Dann versuchen Sie zu ergründen, wie Sie zur Zeit Macht erwerben und einsetzen, um mit jeder dieser Abhängigkeiten zurechtzukommen. Haben Sie in allen Fällen für einen Ausgleich gesorgt? Haben Sie aktiv versucht, diese Abhängigkeiten zu kompensieren?

Mit Hilfe dieser Methode gelingt es Ihnen sicher, einige Ursachen für Ihr augenblickliches Leistungsdefizit zu finden. Und sobald Sie sie erkannt haben, sollten Sie in der Lage sein, wie in den Beispielen aus Kapitel 7 beschrieben, Abhilfe zu schaffen.

Außerdem sollten Sie immer dann, wenn Sie Probleme mit der Beurteilung und Beeinflussung von Menschen oder der Implementierung eines Programmes haben, die Situation aus der Perspektive von Macht/Abhängigkeit/Beeinflussung sehen. Stellen Sie sich die Fragen:

– Wer hat in dieser Situation die Macht und wer ist von wem abhängig?
– Wie hat sich die Situation durch aktuelle Ereignisse verändert?
– Welche Auswirkungen würden zukünftige Handlungsalternativen, die Sie oder andere in Betracht ziehen, auf die spezifische Situation haben?

Gute Antworten auf diese Fragen können manchmal eine sichtbare Verbesserung der eigenen Effektivität bewirken.

5. *Wenn Sie in einer Position sind, deren Abhängigkeiten signifikant größer als Ihre Fähigkeiten, sich machtorientiert zu verhalten, scheinen, und Sie feststellen,*

daß Sie nicht in der Lage sind, die Situation entschei-
dend zu verändern, geben Sie Ihre Stellung auf!

Wie ich in Kapitel 6 eindeutig erklärt haben, trägt eine
merkliche Lücke zwischen Fähigkeiten, sich machtorientiert zu verhalten und positionsbedingter Abhängigkeit
zum Effektivitätsverlust des Unternehmens bei. Wenn es
Ihnen nicht gelingt, diese Abhängigkeit zu reduzieren,
können Sie Ihren Aufgaben nicht gerecht werden und
greifen schließlich doch noch zum Mißbrauch Ihrer
Macht. (Abb. 6 stellt eine Zusammenfassung dieses Fak-
tums dar.) Sollten Sie sich in einer solchen Lage befinden,
hoffe ich nur, daß Sie sich an das Schicksal Walt Sofers,
George Millers und Ron Kaplans erinnern!

6. *Versuchen Sie, wann immer sich Ihnen die Möglichkeit*
   bietet, Ausbilder und Schulungspersonal zu beeinflus-
   sen, sich stärker auf das Thema Macht und Beeinflus-
   sung zu konzentrieren.

Einer meiner ehemaligen Studenten, der meine Arbeit an
diesem Buch nicht kannte, schrieb mir 1977, wie sich
seine berufliche Laufbahn entwickelt hatte. Er lobte die
Schule und ihre Programme und fand nur einen kritik-
würdigen Punkt. Er schrieb: »Dem Thema Macht und
Machtpolitik im Unternehmen sollte mehr Aufmerksamkeit gewidmet werden. Ich weiß, daß es oft als ›Tabu‹
gilt; außerdem ist es wohl sehr schwierig, anderen etwas
darüber zu vermitteln. Aber eine regelmäßigere und offe-
nere Konfrontation mit Fällen, bei denen es um das

Verhältnis zur Macht geht, würde zu einer wesentlichen Verbesserung des Programmes beitragen.« Niemand könnte ihm mehr zustimmen.

Das Thema Macht wurde in der Aus- und Weiterbildung von Führungskräften allzu lange vernachlässigt. Wenn Sie die Möglichkeit haben, diesen Mißstand zu ändern, zögern Sie nicht, es zu tun.

Stichwortverzeichnis

Management-Bestseller für Ihren persönlichen Erfolg

Haben Sie Ihre Arbeits- und Lebensbereiche richtig im Griff?

Managen Sie Ihre Zeit bewußt!
Wie, das sagt Ihnen Lothar J. Seiwert in seinem Buch
Mehr Zeit für das Wesentliche
300 Seiten, 48,– DM
Damit bekommen Sie Ihre Tätigkeiten so in den Griff,
daß Sie mehr Zeit für das Wesentliche haben:
Kreativität, Führungsaufgaben und Freizeit.

Unternehmensinterne Kooperation

Der Autor stellt die Aufgaben, Bedingungen und Wirkungen der Kooperation dar und entwickelt ein geschlossenes Kooperationskonzept für das Unternehmen.
Heinrich Fromm
Kooperation im Unternehmen
ca. 250 Seiten,
58,– DM

Erfolgreich im Qualitätswettbewerb

Das Buch
Qualitätszirkel
von Bungard/
Wiendieck, ca. 250 Seiten, 48,– DM, ist eine hervorragende Orientierungsgrundlage für die qualifizierte Einführung von Qualitätszirkeln im Unternehmen.

Entwickeln Sie Charisma

Der Autor macht deutlich, daß Charisma ein Phänomen ist, daß viele Menschen in unterschiedlicher Ausprägung darüber verfügen. Bernard M. Bass zeigt in seinem Buch
Charisma
ca. 260 Seiten,
58,– DM, wie diese Führungseigenschaft entwickelt und zielführend eingesetzt werden kann.

Sichern Sie Ansehen, Leistung und Fortbestand Ihres Unternehmens

Das Erscheinungsbild des Unternehmens zu verbessern, heißt, einen wesentlichen Beitrag zum Unternehmenserfolg zu leisten.
Klaus Hossfeld berichtet in
Das Unternehmen als Persönlichkeit
ca. 220 Seiten,
48,– DM, welche unwesentlich erscheinenden Dinge im Unternehmensalltag schnell, wirksam und ohne Zusatzkosten verändert werden können.

Erhältlich in Ihrer Buchhandlung oder direkt bei:

verlag moderne industrie · Justus-v.-Liebig-Str. 1 · 8910 Landsberg · Tel. 0 81 91 / 1 25-273